星栞 HOSHIORI

2024年の星占い

• 射手座 •

石井ゆかり

射手座のあなたへ
2024 年のテーマ・モチーフ
解説

....

モチーフ：ペアグラス

....

　2024年半ば以降は、射手座の人々にとって「パートナーシップ・人間関係の時間」です。まさにペアグラスで乾杯するようなシーンがあるはずです。特にパートナーを探している人にとっては、素晴らしく有望な時間です。射手座の人々はいつも「自分自身のやり方」を持っていて、他人の押しつけには従いません。でも、2024年は不思議と「人のやり方をまねしてみよう」「今だけ、相手に合わせてみよう」という思いが湧くようです。他者との関わりを通して、変容を遂げられる年です。

はじめに

　こんにちは、石井ゆかりです。

　2020年頃からの激動の時代を生きてきて、今、私たちは不思議な状況に置かれているように思われます。というのも、危機感や恐怖感に「慣れてしまった」のではないかと思うのです。人間はおよそどんなことにも慣れてしまいます。ずっと同じ緊張感に晒されれば、耐えられず心身が折れてしまうからです。「慣れ」は、人間が厳しい自然を生き延びるための、最強の戦略なのかもしれませんが、その一方で、最大の弱点とも言えるのではないか、という気がします。どんなに傷つけられ、ないがしろにされても、「闘って傷つくよりは、このままじっとしているほうがよい」と考えてしまうために、幸福を願うことさえできないでいる人が、とてもたくさんいるからです。

　2024年は冥王星という星が、山羊座から水瓶座への移動を完了する時間です。この水瓶座の支配星・天王星は「所有・物質的豊かさ・美・欲」を象徴する牡牛座に位置し、年単位の流れを司る木星と並んでいます。

冥王星は深く巨大な欲、社会を動かす大きな力を象徴する星で、欲望や衝動、支配力と関連づけられています。すなわち、2024年は「欲望が動く年」と言えるのではないかと思うのです。人間の最も大きな欲望は「今より落ちぶれたくない」という欲なのだそうです。本当かどうかわかりませんが、この「欲」が最強である限り、前述のような「慣れ」の世界に閉じこもり続ける選択も仕方がないのかもしれません。

でも、人間には他にも、様々な欲があります。より美しいものを生み出したいという欲、愛し愛されたいという欲、愛する者を満たしたいという欲、後世により良いものを残したいという欲。「欲」が自分個人の手の中、自分一人の人生を超えてゆくほど大きくなれば、それは「善」と呼ばれるものに近づきます。水瓶座の冥王星は、どこまでもスケールの大きな「欲」を象徴します。世界全体にゆき渡る「欲」を、多くの人が抱き始める年です。

《注釈》

◆ 12星座占いの星座の区分け（「3/21〜4/20」など）は、生まれた年によって、境目が異なります。正確な境目が知りたい方は、P.124〜125の「太陽星座早見表」をご覧下さい。または、下記の各モバイルコンテンツで計算することができます。
インターネットで無料で調べることのできるサイトもたくさんありますので、「太陽星座」などのキーワードで検索してみて下さい。

モバイルサイト【石井ゆかりの星読み】（一部有料）
https://star.cocoloni.jp/（スマートフォンのみ）

◆ 本文中に出てくる、星座の分類は下記の通りです。

火の星座：牡羊座・獅子座・射手座　　　地の星座：牡牛座・乙女座・山羊座
風の星座：双子座・天秤座・水瓶座　　　水の星座：蟹座・蠍座・魚座
活動宮：牡羊座・蟹座・天秤座・山羊座
不動宮：牡牛座・獅子座・蠍座・水瓶座
柔軟宮：双子座・乙女座・射手座・魚座

《参考資料》

・『Solar Fire Gold Ver.9』（ソフトウェア）/ Esoteric Technologies Pty Ltd.
・『増補版 21世紀 占星天文暦』/ 魔女の家BOOKS ニール・F・マイケルセン
・『アメリカ占星学教科書 第一巻』/ 魔女の家BOOKS M.D.マーチ、J.マクエバーズ
・国立天文台 暦計算室Webサイト

HOSHIORI

射手座 2024年の星模様

年間占い

❄ 前半は「内側」、後半は「外界」へ

　射手座の2024年は5月末を境に、カラーが大きく変わります。前半は「内側」、後半は「外側」に力点が置かれるのです。

　もちろん、前半と後半で全く変わるとか、前半は全く外に出ないとか、後半は家に帰らないとか、そんなことではありません。むしろ、全体にプライベートにどっしりと軸足が置かれている年であると同時に、全体に外に出る機会が増える年でもある、と言えます。

　とはいえ、前半のテーマを主なキーワードで表すとすれば「居場所、ライフスタイル、習慣、ルーティーン、コンディション、義務、責任、ケア」などが挙げられます。一方、後半のテーマは「出会い、人間関係、交渉、競争、冒険、遠征、融資や投資、贈与」などとなります。前半がどちらかと言えば内向きで、後半が外界に向かっていくというイメージなのです。

❄ 暮らしの中の「助け合い」

　5月末までは「生活・日々の役割・心身のコンディ

ション」にスポットライトが当たっています。私たちはまず自分自身をケアし、それから身近な人々をケアし、さらにもう一回り大きな範囲の人々と様々な労力をやりとりしながら生きています。そうした、日常的なごく広い意味でのケアにスポットライトが当たる時期なのです。

ゆえに、この時期起こることのカラーは、あなたの今の状態や、置かれている状況に大きく左右されます。たとえば、あなたが慢性的な不調を抱えているなら、あなた自身のケアに力を注ぐことになりますし、周囲からサポートを受ける流れが生じるでしょう。一方、あなた自身がすこぶる元気な状態であれば、周囲にいる弱っている人、助けを求めている人、なんらかの形であなたの力を必要としている人に寄り添うことが一大テーマとなるはずです。

「助けてもらう」ことと「助ける」ことでは白と黒、天と地ほどに違う、と思われるかもしれません。でも、実際人間は互いに助け合って生きていて、助け合うこと自体が「生活」の本質ではないでしょうか。全ての仕事や役割は、助けて欲しいと思う人の存在があって

成り立っています。そして、仕事や役割のない人生は、しばしば人を苦しめるのです。仕事を持ってバリバリ活躍し、元気に生きている人は、その仕事を受け取ってくれるユーザーやカスタマーや身内などに、やはり広い意味で「助けられて」いるのです。助けられることは助けることで、助けることは助けられることです。2024年前半の射手座の世界では、そのことに非常に強いスポットライトが当たっています。

　過剰な自己犠牲を払って疲労し、自分自身を傷つけてしまっている人は、その状況から脱出できるでしょう。新しいライフスタイルを創造することで、心身のコンディションが上向きになり、身近な人との人間関係が一気に好転する、といった展開もあり得ます。習慣や暮らし方が変わることで、人生全体のカラーが変化していく時です。それを実現するために、多方面に交渉や調整を試みることが重要です。「どうせ、どうにもならない」と思っていたことも、相談してみたら一気に話が進む！というようなことが起こりやすい時です。

❄ 懐に飛び込んで、得られるもの

5月末から2025年6月上旬は「パートナーシップと人間関係の時間」となります。約12年に一度の、人と出会い、関わることに強い追い風が吹く時間帯です。公私ともに素晴らしい出会いに恵まれるでしょう。また、既に関わっている人たちとも、より深くゆたかな信頼関係を育てていける時です。

射手座の人々は基本的に、人と一緒に行動するような時でもあまり、相手のペースに引きずられません。自分の望むところに正直であろうとしますし、周囲が自分のやり方を受け入れてくれることを信じる傾向があります。ですが2024年半ばからの1年は、敢えて「人に合わせる」「人のやり方に従う」ことになるかもしれません。これは言わば「ぶつかり稽古」とか、「胸を借りる」ような、訓練の意味合いを含んでいます。人のやり方をまね、そこから学ぶことがたくさんあるのです。信頼できる人、好きな人の懐に飛び込んでみて、得るものがある時です。

❋ 冒険者の魂に「火がつく」瞬間

　11月から2025年6月は断続的に、熱い冒険旅行ができる時間となっています。精力的にあちこち飛び回り、世界を一気に広げられるでしょう。もともと射手座は12星座中、一二を争う「旅の星座」ですが、その冒険者としての魂にこの時期火がつき、燃料が注がれます。ここから始まる「冒険旅行」は、もしかすると非常に長い旅になるかもしれません。2043年頃まで続く大遠征に出かける人も、おそらくいるだろうと思います。

　2023年の春頃から、なんらかの事情で家にいることが辛くなったり、居場所からの「縛り」に窮屈さを感じたりしている人もいるでしょう。逃げ出したいという思い、怒りや焦りなどが、この時期の遠出の原動力となる可能性もあります。遠出した先で「自分がいるべき場所は、本当にはどこなのか」を深く考えさせられるかもしれません。これまで視野に入れていなかった選択肢に、そこで出会えるかもしれません。

❊ 自分自身のニーズを固める

　2023年春から「居場所を建設する」時間に入っています。2026年頭くらいまでかかるこのプロセスにおいて、2024年は主に「交渉」を進める時間となるかもしれません。物理的に新居を探す、あるいは家を建てる人もいるでしょう。また、家族となる相手を探す人もいれば、既にいるパートナーと「家庭作り」に向けて動き出している人もいるだろうと思います。2024年の中で特に重要なのは、自分として譲れない条件、大切にしたい条件をしっかり選ぶことです。というのも、自分の側にニーズが固まっていないと、交渉や相談はどうしても「流される」ことになりがちだからです。自分自身のニーズを確かめ、具体化していく時、最も役に立つのは2008年頃からの一連の経験かもしれません。この間、あなたは多くのものを欲し、手に入れてきたはずです。そしてその中には、本当に有用なものがある一方で、実は必要ないものもあっただろうと思うのです。そうした実体験を土台に、これから築いていく世界に必須の条件を定義していけるはずです。

{ 仕事・目標への挑戦／知的活動 }

　2023年半ばから2024年5月末は「就労条件・労働・役割・義務・責任」といったテーマに強いスポットライトが当たっています。非常に忙しい時期となりやすい一方で、働き方や就労条件を変えるために行動を起こす人が少なくないでしょう。日々の任務の内容やポジションが変わる可能性もあります。新しい仕事に慣れるまでは苦労も多いかもしれませんが、慣れてしまえば「この仕事は本当に自分に合っている！」と、心から納得できるでしょう。

　2018年頃から働き方を変えてきた人は、このあたりでその変更による効果や成果が現れ始めます。あなたのこれまでの、自由な働き方への試みが「的を射た」ことがわかりますし、周囲もあなたの挑戦が成功したことを認めてくれるでしょう。

　仕事において、頼られたり必要とされたりする場面が増えます。普段スタンドプレーが多い人、一匹狼的な動きをしがちな人も、2024年は全体の中での自分の役割を強く意識させられるかもしれません。一人で活動している人であっても、その活動の受け取り手、関

係者、サポートしてくれる人がいなければ「仕事」が成立しません。自分の仕事を成立させてくれている人の存在を強く意識し、いい意味で自分の「歯車」性を見つめ直せる時です。

　新しく学びたいことに出会う人、精力的に学び始める人が少なくないでしょう。新たな研究活動を始める人もいるかもしれません。ここから20年ほどをかけて、知的活動において大きな成果を出せそうです。知識や教養への欲望が強まります。

｛ 人間関係 ｝

　2024年5月末から2025年6月上旬は「人間関係の季節」です。公私ともに「人に恵まれる」時で、素敵な人々に出会えるでしょう。「人生を変える出会い」もある時です。また、既にある人間関係もとてもゆたかな、情愛に溢れるものとなります。他者から多くを学べますし、新しい世界へと誰かに導いてもらうような展開もあるはずです。

　さらに、懐かしい交友関係が不思議な経緯で復活するかもしれません。新しい出会いや関わりの体験の中

で疲労を感じた時、慣れ親しんだ仲間や「内輪」の人間関係に立ち戻ることで、精神的に「チャージ」できます。懐かしい人々が不思議と、支えになってくれる時です。

{ **お金・経済活動** }

2008年頃から、大スケールの経済活動を続けてきた人が少なくないはずです。「お金を稼ぐ」「欲しいものを手に入れる」といったテーマに貪欲に向き合い、精力的に闘ってきたあなたがいるのではないでしょうか。幾度か大きな変転を経験しつつも、ここまでの努力がそろそろ安定的な実を結び、大きな財を築き上げつつある人もいるだろうと思います。2024年はそんな一連の「稼ぐ・獲得する・財を築く」プロセスが、一つの着地点に至る時期となっています。波瀾に満ちた経済活動のドラマが、このあたりで安定軌道に乗るのです。

これまで「お金に執着」してきた人もいるかもしれません。お金を稼ぐことに魂を奪われたようになったり、大量の買い物をしたりと、「お金とモノ」に取り憑かれたような状態だった人もおそらく、いるのではな

いかと思います。たとえば世の中には買い物依存や摂食障害、クレプトマニアなど、モノやお金、食べ物などに関する依存症に苦しむ人が少なくありませんが、そうした症状に苦しんだ人もいるかもしれません。2024年は、そうした苦悩から抜け出せる年でもあります。「憑き物が落ちた」ように、欲望や執着から解放されるのです。

自ら望んで「触れたものがすべて黄金に変わる」という魔法をかけてもらったミダス王は、愛娘を撫でて黄金に変えてしまい、深く後悔して魔法を解いてもらいました。2024年の射手座の人々の中には、そんなふうに「魔法が解ける」経験をする人もいるだろうと思います。

❨ 健康・生活 ❩

2024年前半は、基本的に「心身のコンディションが好転する時期」です。平たく言って「健康運の良い時期」なのです。元気になる人が多いでしょう。

2018年頃からライフスタイルがどんどん変わり続けてきているかもしれません。その変化のスピードが、

2024年前半は「これでもか！」というほど加速します。自分なりのやり方をどんどん生み出しては、定着させていくことができるでしょう。過去数年間、どちらかと言えば「合理化」「シンプル化」の方向で進んできた人が多いと思います。スッキリと論理的な、そして新しい時代に合った生き方を追い求め、無駄を廃し、より自由で縛られない生活のあり方を追求してきたあなたがいるのではないでしょうか。その点、2024年前半は「増やす」「密度を濃くする」「冗長性を確保する」「矛盾を受け入れる」ような方向性が加わる時間と言えます。これまでキッチリ合理化した生活を、「少し切り捨てすぎたかな」「理屈ではうまくいくはずでも、現実には満足できていない」などと見直し、無駄やノイズを少し増やせるのです。それによって生活全体の自由度やレジリエンスが高まり、気持ちが楽になったり、体調が安定したりします。「栄養のある美味しいものを食べて元気になる」「ぐっすり寝て元気になる」といった、ストレートな変化が起こります。

　人生は生活の集積です。生活というミクロの観点から、人生というマクロを捉え直すような作業ができる

時です。「どんな人生を送りたいか」と「どんな生活を
したいか」が強く結びつき、そこから暮らし方が大き
く変わります。

　一方この時期、自分個人の生活を全く振り返らない、
という人もいると思います。背負っている任務や責任、
役割に全ての意識が向かい、「自分を守る・維持する」
ことが度外視されてしまうのです。この場合、年の後
半に大きく体調を崩す可能性もあります。
　自分以外の誰かのため、社会のため、自分を取り巻
く人々のために、自分を奴隷のように扱って任務に「全
振り」してしまうことも、一つの人生の選択であり、個
人の自由の行使です。そうした選択自体を頭ごなしに
否定することはできません。ただ、それがどんな結果
をもたらすのか、後悔する結果に繋がらないか、とい
うことについては、現実的想像を巡らせておくべきだ
ろうと思います。

◉ 2024年の流星群 ◉

「流れ星」は、星占い的にはあまり重視されません。古来、流星は「天候の一部」と考えられたからです。とはいえ流れ星を見ると、何かドキドキしますね。私は、流れ星は「星のお守り」のようなものだと感じています。2024年、見やすそうな流星群をご紹介します。

4月下旬から5月／みずがめ座η流星群

ピークは5月6日頃、この前後数日間は、未明2〜3時に多く流れそうです。月明かりがなく、好条件です。

8月13日頃／ペルセウス座流星群

7月半ば〜8月下旬まで楽しめる流星群です。三大流星群の一つで、2024年は8月12日の真夜中から13日未明が観測のチャンスです。夏休みに是非、星空を楽しんで。

10月前半 ／ ジャコビニ流星群
（10月りゅう座流星群）

周期的に多く出現する流星群ですが、「多い」と予測された年でも肩透かしになることがあるなど、ミステリアスな流星群です。2024年・2025年は多数出現するのではと予測されており、期待大です。出現期間は10月6日〜 10月10日、極大は10月8日頃です。

HOSHIORI

射手座 2024年の愛
年間恋愛占い

♥ 後半からの「パートナーシップの季節」

　2024年5月末から2025年6月上旬はズバリ「パートナーシップの季節」です。出会いを探している人もカップルも、愛に悩んでいる人も、この時期なんらかの形で、誰かと一対一の強い結びつきを生きることになるでしょう。見つめ合える時です。

｛ パートナーを探している人・結婚を望んでいる人 ｝

　パートナーを探している人は、年の後半以降きっと結果を出せるはずです。特にこの時期のあなたの中では、「その人と暮らした時の、生活のイメージ」が具体的に浮かびやすくなっています。恋愛のトキメキや一時的な盛り上がりよりも、その先に繋がる長い時間の風景のほうが、ずっとリアリティがあるはずなのです。紹介サービスやマッチングのシステムなどを利用したり、知人の紹介、お見合いなど、比較的「正攻法」での出会いが期待できます。また、11月以降2025年前半は遠出した先での出会い、学びの場での出会いに妙味があります。9月から11月頭、2025年の年明けから

4月半ばは、物事の順序が混乱しがちかもしれません。一時的な雰囲気に流されて後悔しないよう、少し注意したい時間帯です。

｛ パートナーシップについて ｝

　年の半ばから約1年、「パートナーシップの時間」となっています。パートナーとの信頼関係がより深く、強く育っていく時です。特に、相手から求められることが多くなったり、相手の意向に沿うように変更することが増えるかもしれません。1年を通してパートナーのために引き受けること、背負うものが増え、「これでいいのだろうか?」と疑問を感じる人もいそうです。ただ、この時期は一時的にでも「相手を優先する・敢えて受け入れる」選択をすることで、お互いの関係がポジティブに変化する可能性が高いのです。常に公平・平等を感じられる関係は素晴らしいものですが、長い時間を共にするパートナーシップにおいては、一方がもう一方に多くを負い、普段のバランスが崩れる時間が訪れます。そのアンバランスを吸収し、乗り越えた先に、関係自体の成長が起こるのです。特に10月から

・・・

2025年年明けにかけては、そうした「いつものバランスが崩れる」場面が巡ってきやすいのですが、そこにこそ非常に深い精神的コミュニケーションが生じます。

{ 片思い中の人・愛の悩みを抱えている人 }

　2024年は特に5月末以降、あらゆる意味で人間関係が「増幅」します。登場人物が増えますし、人との関わりにおいて起こる出来事のボリュームも増すのです。ゆえに、愛の悩みも現実の中で、具体的に、急ピッチで「動く」はずです。悩みを抱え込むのではなく、ガンガンやりとりをして、良くも悪くも悩みの内容が変わります。関係がさらにこんがらがるケースもあれば、真剣勝負に打って出て大勝利できるケースもあれば、問題が膨らむだけ膨らんで水風船のようにパンクするケースもあれば、新しい出会いによって全てが変わる可能性もあります。とにかく「膠着状態がそのまま続く」ことはないはずです。手加減なしで行くところまで行って、2025年半ばまでには「落ち着くところに落ち着く」ような展開になるかもしれません。

・・・

｛ 家族・子育てについて ｝

　年の半ば以降、家族の一人一人と、個人対個人、一対一の人間として向き合う機会がありそうです。「親」「子供」「配偶者」など、家族のことは立場性で捉えがちです。「親ならこうすべき」「子供はこうあるべき」など、役割の枠組みで相手を捉えていると、「一人の個人」としての性質、生き方は見えにくくなります。この時期はそうした役割の枠組みの外側にはみ出して、家族の人間性、生き方、人生観などをダイレクトに見つめることができそうなのです。こうした体験を通して、その家族へのリスペクトが深まったり、許せることが増えたりする一方で、困難や疑念を感じたり、幻滅、傷つきなどが起こる可能性もなくはありません。諦めなければならないことがあったり、「距離を置く」という結論に辿り着いたりする人もいるかもしれません。ただ、ずっと役割概念という殻に守られた幻影を信じ、その幻影を介したコミュニケーションのみに終始するよりは、「人間対人間」の経験を得るほうが、結果的には様々な人生の困難を乗り越えることが、容易になるはずです。概ね、家族間の関係はこのプロセスを通して、

風通しの良い、幸福なものへと変わっていくでしょう。

　子育てについては、新しい体験ができる時です。経験則では対応できないこと、自分の子供時代の経験や記憶では共感しづらいことが起こり、そこから新しい選択肢を選んでゆくことになります。また、子供を介して新しい出会いに恵まれる気配もあります。「わかっていること」「既にある正解」に囚われないことが、この時期の子育てのコツとなるようです。

｛ 2024年　愛のターニングポイント ｝

　1月はキラキラの愛の季節です。さらに4月以降2025年6月上旬までが「パートナーシップの季節」で、ずっと愛の追い風が吹き続けることになります。特に5月から6月頭、7月下旬から9月頭、10月半ばから11月半ばは、ドラマティックな愛の時間となっています。また、11月から2025年1月上旬にかけては、愛の復活・再生の時間となっています。なにかしら取り戻せるものがありそうです。

HOSHIORI

射手座 2024年の薬箱

もしも悩みを抱えたら

❖ 2024年の薬箱 ～もしも悩みを抱えたら～

　誰でも日々の生活の中で、迷いや悩みを抱くことがあります。2024年のあなたがもし、悩みに出会ったなら、その悩みの方向性や出口がどのあたりにあるのか、そのヒントをいくつか、考えてみたいと思います。

◆先を急がず、諦めず

　家族や居場所に関して、2023年から悩み続けている人も少なくないはずです。家にいるのにくつろげず、孤独を感じたり、家族との関係がうまくいかずにストレスを溜めたりしている人もいるかもしれません。自分の苦労や悩みをなかなかまわりに理解してもらえず、生活がバラバラになったように感じている人もいるだろうと思います。こうした悩みは、一朝一夕に解決するようなものではなく、森の中の入り組んだ長い道を黙々と歩いているような「先の見えない苦しみ」に変わりつつあるのかもしれません。ただ、この「先の見えない苦しみ」も、終わりは来ます。早ければ2025年半ば、遅くとも2026年頭には、森を抜けて広やかな場所に出

られるはずなのです。この時期の問題は、「早く解決し
ようとすると、長引く」「すぐ解決しないからと向き合
わずにいると、長引く」傾向があります。つまり、好
転しているかどうかわからない中でも、粘り強く向き
合い続けることが必要なのです。

　コミットし続けること、その場から逃げ出さないこ
とで、だんだんと状況が変わります。「その場所に居続
ける」というプレゼンスが必要になる場面もあるでし
ょう。一度背を向けても、時間を置いて再び戻れます。
諦めず、続けていくことが、この時期の最善の方針で
す。

◆コントロール不能な混乱

　9月半ば以降、パートナーや関係者の経済状況が混
乱を来すかもしれません。相手の金遣いが荒いように
思われたり、搾取されているように感じたりする場面
もあるでしょう。なかなか制御できなくても、2025年
4月頃には問題が解決しそうです。時期を待って。

2024年のプチ占い（牡羊座～乙女座）

牡羊座（3/21-4/20生まれ）

特別な縁が結ばれる年。特に春と秋、公私ともに素敵な出会いがありそう。年の前半は経済活動が熱く盛り上がる。ひと山当てる人も。年の半ば以降は、旅と学び、コミュニケーションの時間へ。成長期。

牡牛座（4/21-5/21生まれ）

約12年に一度の「人生の一大ターニングポイント」が5月末まで続く。人生の転機を迎え、全く新しいことを始める人が多そう。5月末以降は、平たく言って「金運の良い時」。価値あるものが手に入る。

双子座（5/22-6/22生まれ）

大きな目標を掲げ、あるいは重大な責任を背負って、ひたむきに「上を目指す」年。5月末からは素晴らしい人生のターニングポイントに入る。ここから2025年前半にかけ「運命」を感じるような出来事が。

蟹座（6/23-7/23生まれ）

夢と希望を描く年。素敵な仲間に恵まれ、より自由な生き方を模索できる。新しい世界に足を踏み入れ、多くを学べる年。9月から2025年春にかけて「自分との闘い」に挑む時間に入る。チャレンジを。

獅子座（7/24-8/23生まれ）

大活躍の年。特に5月末までは、仕事や対外的な活動において素晴らしい成果を挙げられる。社会的立場がガラッと変わる可能性も。独立する人、大ブレイクを果たす人も。11月以降も「勝負」の時間。

乙女座（8/24-9/23生まれ）

冒険と成長の年。遠い場所に大遠征を試み、人間的に急成長を遂げる人が多そう。未知の世界に思い切って足を踏み入れることになる。5月末以降は大活躍、大成功の時間へ。社会的立場が大きく変わる。

（※天秤座～魚座はP96）

HOSHIORI

射手座 2024年 毎月の星模様

月間占い

◆ 星座と天体の記号

「毎月の星模様」では、簡単なホロスコープの図を掲載していますが、各種の記号の意味は、以下の通りです。基本的に西洋占星術で用いる一般的な記号をそのまま用いていますが、新月と満月は、本書オリジナルの表記です（一般的な表記では、月は白い三日月で示し、新月や満月を特別な記号で示すことはありません）。

♈：牡羊座	♉：牡牛座	♊：双子座
♋：蟹座	♌：獅子座	♍：乙女座
♎：天秤座	♏：蠍座	♐：射手座
♑：山羊座	♒：水瓶座	♓：魚座
☉：太陽	●：新月	○：満月
☿：水星	♀：金星	♂：火星
♃：木星	♄：土星	♅：天王星
♆：海王星	♇：冥王星	
℞：逆行	Ɖ：順行	

◆ 月間占いのマーク

　また、「毎月の星模様」には、6種類のマークを添えてあります。マークの個数は「強度・ハデさ・動きの振り幅の大きさ」などのイメージを表現しています。マークの示す意味合いは、以下の通りです。

　マークが少ないと「運が悪い」ということではありません。言わば「追い風の風速計」のようなイメージで捉えて頂ければと思います。

★☆　特別なこと、大事なこと、全般的なこと

✊　情熱、エネルギー、闘い、挑戦にまつわること

🏠　家族、居場所、身近な人との関係にまつわること

¥　経済的なこと、物質的なこと、ビジネスにおける利益

✏　仕事、勉強、日々のタスク、忙しさなど

♥　恋愛、好きなこと、楽しいこと、趣味など

MONTHLY
HOROSCOPE

1

JANUARY

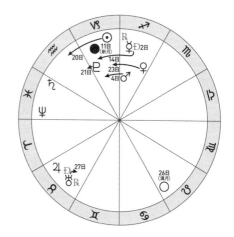

◆キラキラの年明け。 ♥ ♥ ♥

きらめくような楽しい年明けです。嬉しいことがたくさん起こりそうです。美しいものに心惹かれますし、ファッションやヘアスタイルなどを刷新したくなる人もいるでしょう。12月半ばから停滞を感じたり、混乱に巻き込まれたりしていた人もいるはずですが、年明けとともに正常化に向かいます。

◆経済活動における勝負の季節。

経済活動が熱い動きを見せます。新しい収入の途を見つける人、ビジネスのアイデアを実行に移す人、大きな買い物に臨む人もいるでしょう。2008年頃から自分の中で「封印」してきたお金に関するアクションがあれば、それを全く新しい形で復活させ

る人もいるかもしれません。長い間触れることもなかったもの
に、もう一度触れられるようになる人も。

◆象徴的なメッセージ、本物の対話。

月の下旬、非常に重要なメッセージを受け取ることになるかも
しれません。あるいは、誰かとのコミュニケーションの中で、か
つてなくキッパリとした態度を取る人もいそうです。これまで
曖昧にしてきたこと、問題だと思いながら敢えて目を向けなか
ったことに、この時期、勇敢かつ知的な眼差しを向けることが
できるでしょう。真の対話の扉を開けて。

♥素敵な愛の季節。

♥ ♥ ♥

素晴らしい愛の季節です。こちらも「キラキラ輝く」ような状
態になっています。あなたの魅力や存在感が威力を増し、誘わ
れたり、褒められたりする場面が増えそうです。カップルはハ
ッピーな時間を過ごせますし、愛を探している人は、直観的な
アクションが結果に直結しそうです。

》》 1月 全体の星模様 《

12月半ばから射手座で逆行中の水星が2日、順行に戻ります。コ
ミュニケーション上の問題、遠方とのやりとりや移動の問題が解
決に向かうでしょう。とはいえ月の半ばまでは、流言飛語の危険
も。火星は山羊座で力を増し、権力闘争が煽られます。21日、昨
年3月以来二度目の冥王星水瓶座入り、時代の大きな節目に。た
だし冥王星の水瓶座入り完了は11月20日、まだ中間地点です。

2

FEBRUARY

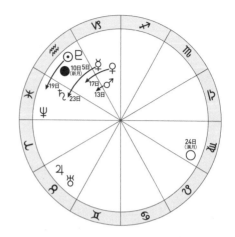

◆「金運」が強まる、アクティブな月。　

必要なものがどんどん集まってきます。経済的に強い上昇気流
が生まれ、非常にゆたかな状態になりそうです。この追い風を
受けて、経済活動を拡大する人も少なくないでしょう。素晴ら
しいビジネスチャンスを掴む人も。月の後半は特に、フットワ
ークを活かして活動の幅を広げていけます。動いて。

◆静かな優しさの時間。　

家族との関係に悩む人や、居場所をうまく確保できずに困って
いる人は、月の下旬から状況が変わりそうです。問題に真正面
から立ち向かう勇気が湧いてきますし、具体的に動ける「対策」
がいくつか見つかるでしょう。コミュニケーションがとてもゆ

たかに盛り上がる時期ですが、身近な人との関係においてはむしろ、静けさや落ち着きが必要になるかもしれません。大切な人のために待つこと、見守ることも大切です。10日前後、新しい対話のきっかけを掴めそうです。「風が変わる」のを感じられるでしょう。24日前後は、素晴らしい目標達成の時です。身近な人の深い理解が得られます。

♥愛の言葉から生まれる波。

月の半ば以降、愛のコミュニケーションが盛り上がります。意中の人に話しかけるチャンスを掴みやすいかもしれません。また、パートナーとの対話はとても盛り上がりそうです。この時期の愛の対話は、気軽に始めた雑談でも、気がつけば非常に深く大きなテーマに踏み込んでいる、といった展開になりがちです。自分自身の、そして相手の心の動きを注視しながら語り合うことが大切です。何気なく語ったことがお互いを強く縛ったり、感情を深く揺さぶったりすることもあります。愛の言葉の影響力が普段以上に強まる時です。

＞＞ 2月 全体の星模様 ＜＜

火星は13日まで、金星は17日まで山羊座に滞在します。2022年の1月から3月頭に起こった出来事をなぞるような、あるいは明確にあの頃の「続き」と感じられるような出来事が起こるかもしれません。さらに月の半ばを過ぎて、社会的に非常にビビッドな転換点が訪れるでしょう。冥王星に火星、金星が重なり、人々の「集合的無意識」が表面化して大きな潮流が生じます。

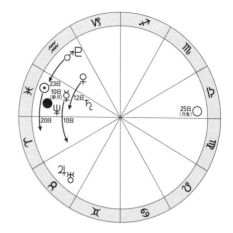

◆結果を出すための対話。　　　　　★⌒★⌒

熱いコミュニケーションの時間です。誰かと情熱的に議論した
り、徹底的に討議したりすることになるかもしれません。この
時期の対話には特別な闘志が燃えていて、正義のため、あるい
は権利を勝ち取るために「結果を出す」ことがテーマとなって
いるようです。一歩も引かない強い態度で挑んで。

◆家族や身近な人のための時間。　　　🏠🏠🏠

家族や身近な人に、多くの労力を注ぐ時期です。サポートを求
められたり、皆の気持ちがバラバラになっている状況で敢えて、
まとめ役を買って出たりすることになるかもしれません。月の
上旬は不安材料が多く、足並みが揃いませんが、中旬以降はあ

なたのあたたかな情愛がみんなに伝わり、努力に応えてもらえそうです。また、中旬以降は来客が増えるなど、家の中が華やかな空気に包まれるでしょう。10日前後、家の中に新しい家具や家電が入るなどの環境変化も。

◆交友関係に「実り」がある。

25日前後、交友関係に新しい光が射し込みそうです。このところずっと話しかけたり、働きかけたりしていた相手が、ここでパッとふり向いて、前向きな応答をしてくれそうです。

♥表情を読む、愛のコミュニケーション。

10日以降勢いが出てきます。月の上旬は個人的な迷いや悲観の中に閉じこもっていた人も、月の中旬に入ると「ちょっと動いてみよう」「外に出てみよう」という明るい勇気が湧いてきそうです。人の表情をよく観察すると、そこに前向きな愛情、明るい好意が表れているのがわかります。相手の気持ちをキャッチすることで、自然にボールを投げ返せます。

》》 3月 全体の星模様 《

火星が冥王星と水瓶座に同座し、非常に鉄火な雰囲気が漂います。2023年頃から静かに燃え始めた野心が、最初のハッキリした「発火」を起こしそうです。月の上旬は水星が魚座に位置していて、コミュニケーション上の混乱が起こりやすいかもしれません。10日を境にその混乱がすうっと収まり、かわってとても優しい愛が満ちてきます。共感と信頼、救済の力を感じられます。

4

APRIL

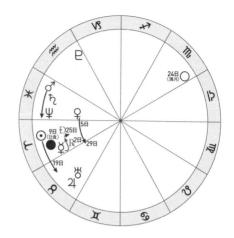

◆「居場所」が変化する。　　　　　　　　🏠🏠🏠

「居場所が動く」時です。引っ越しや家族構成の変化など、生活を取り巻く条件が大きく変わりそうです。特に、2023年頃から居場所や家族に関して慢性的な悩みを抱えていた人は、その悩みの大岩を「粉砕」するために行動を起こせるかもしれません。身内同士、本音でぶつかり合って膿を出す場面も。

◆「想定外」を楽しむ余裕を。　　　　　　★彡★彡★彡

クリエイティブな活動に取り組んでいる人は、この時期活動が混乱を来す可能性があります。うまくいくと思ったことが急に頓挫したり、コミュニケーションが噛み合わなかったりと、なにかと不安材料が多い時です。ただ、そうした混乱の中から、潜

40

在的な創造性がいい形で引き出される気配があります。行き違いがあってもあまりネガティブに捉えず、「この状況を活かせないか?」と考えると、「禍転じて福となす」ことが叶います。想定外を楽しんで。24日前後、隠れた問題がすうっと解決に向かいます。意外な人から意外なサポートを受けられそうです。「救いの手」を差し伸べてもらえます。

♥ **小さなことにこだわらない。**

素晴らしい愛の季節です。キラキラの追い風が吹いて、フリーの人もカップルも、とても楽しい、心ときめく時間を過ごせるでしょう。ただ、予定が何度も変更になったり、一時的に連絡が滞ったりと、混乱も多そうです。いちいち不安をつのらせず、ゆったりどっしり構えることが大事です。恋愛に関する問題が起こっても、遅くとも月末までには解決に向かいます。愛すること、楽しむことを念頭に。9日前後、不思議な形で「愛が生まれる」タイミングです。愛を探している人は、素晴らしいきっかけを掴めそうです。

4月 全体の星模様

水星が牡羊座で逆行し、そこに金星が重なります。これは、混乱や緩みが感じられる配置です。年度替わりに「スタートダッシュ!」と意気込んでも、なぜかもたもた、ノロノロするかもしれません。先を急がずどっしり構えることがポイントです。魚座で土星と火星が同座し、ある種の手厳しさが強調されています。不安が反転して怒りが燃え上がるような、「逆ギレ」的展開も。

5

MAY

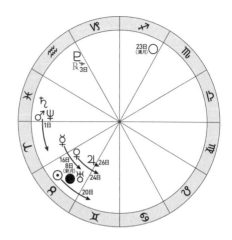

◆ **熱く楽しめる時間。**

好きなことにガンガン打ち込める、熱い時間です。特にクリエイティブな活動に取り組んでいる人には、素晴らしいチャンスが巡ってくるかもしれません。4月中、家族や身近な人の都合に振り回されがちだった人も、5月に入ると趣味や遊びのための時間を確保できるでしょう。心から楽しんで。

◆ **努力が実を結ぶ。必要とされ、褒められる。**

2023年5月から、「新しい役割を作る」取り組みを続けてきた人が多いはずです。そのプロセスの最終的な到達点が、この5月に置かれています。あなたが創り上げた仕事、ポジションが、周囲から広く必要とされ、頼られる状況が根づいた実感を得ら

れるでしょう。心身のケアを続けてきた人、生活改善を試みてきた人も、地道な努力の結果が出始めて「これからも、このスタイルで続けていこう！」という自信を持てそうです。頑張ってきたことを褒めてもらえます。

◈「人と関わる」1年へ。

20日から26日を境に、「人間関係」が動き始めます。ここから約1年をかけて、多くの人に出会えますし、「運命」を感じるような絆を作れます。23日前後、衝撃的な進展も。

♥愛の時間は「作る」もの。

愛にも熱い追い風が吹きます。カップルはストレートな愛情表現のやりとりで、素晴らしい時間を過ごせるでしょう。愛を探している人も、積極的に行動を起こして結果を出せます。この時期は出会いのチャンスをとても掴みやすい傾向があります。多忙な時期ではあるのですが、できるだけやりくりして、愛のために「時間を作る」ことを試みて。

》 5月 全体の星模様 《

牡牛座に星々がぎゅっと集まり、2023年5月からの「牡牛座木星時間」の最終段階に素晴らしい彩りを添えます。約1年頑張ってきたことがここで、非常に華やかな形で「完成」しそうです。牡牛座は物質・お金の星座であり、社会的には経済や金融などの分野で大変化が起こる可能性があります。20日から26日にかけて星々は順次双子座へ移動し、新しい時間が幕を開けます。

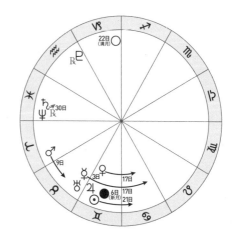

◆にぎやかな人間関係。　　　　　　　　　　　★彡★彡

人間関係が盛り上がります。特に月の前半はたくさんの人に出会えますし、その機会も増えるでしょう。人からストレートな好意を受け取れますし、学べることもたくさんあるはずです。特に6日前後、公私ともに素敵な出会いの気配があります。密かな悩みに誰かが手を差し伸べてくれそうです。

◆中旬以降、熱い試行錯誤の時。　　　　　　

月の上旬は好きなことにガンガン打ち込める、クリエイティブな時間が続いています。人の協力も得やすく、周囲を巻き込んでとても面白いことができるでしょう。中旬に入ると一転して、一気に忙しくなります。「やるべきこと」がガツンと増えて、5

月までに取り組んできたことの「ダメ押し」的な作業に取り組むことになるかもしれません。2023年半ばから新しく自分の役割・ポジションを起ち上げた人は、その役割に対してここで多くのニーズが殺到し「最初の大暴れ」ができるような時間と言えます。新しいやり方を試したり、皆が当たり前に受け入れているルールを壊したりするのにもいいタイミングです。生活のリズムはこの時期、崩れがちです。心身のコンディションに注意し、セルフケアを心がけて。

♥「パートナー」と向き合う時。

5月末に「パートナーシップの季節」に入り、さらに今月は17日まで、パートナーシップを司る場所に4星が集まっています。パートナーがいる人は一緒に過ごす時間が増えるでしょうし、お互いの新しい顔を発見して関係性が変化し始めるでしょう。パートナーを探している人は、大チャンスの到来です。知人に紹介を頼んだり、マッチングサービスを利用したりと、正攻法でしっかり「相方」を探してみて。

6月 全体の星模様

双子座入りした木星に、水星、金星、太陽が寄り添い、ゆたかなコミュニケーションが発生しそうです。どの星もにぎやかでおしゃべりな傾向があり、あらゆる立場の人が一斉にしゃべり出すような、不思議なかしましさが感じられるでしょう。17日、水星と金星が揃って蟹座に抜けると、騒々しさは少し落ち着くかもしれません。全体に「流言飛語」「舌禍」に気をつけたい時間です。

7

JULY

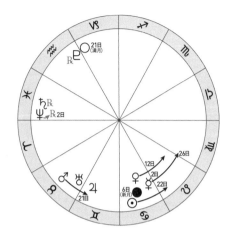

◆**地道に汗を流す多忙期。**

非常に忙しい時間となっています。中旬まではどちらかと言え
ば裏方的な仕事、「準備」的な作業が詰まっているようです。地
道に汗を流してコツコツ経験値を積み上げたり、人をサポート
する役割を引き受けたりすることになるかもしれません。26日
以降は一転、目立つポジションで華やかに活躍できます。

◆**理由がなくとも、会いに行く。**

楽しい旅と学びの季節です。新しい世界に触れる機会に恵まれ
ますし、遠出のチャンスも多いでしょう。もともと旅好きのあ
なたですが、そのフットワークの軽さを活かして活躍できそう
です。昨今ではリモートでの打ち合わせが一般化するなど、「敢

えて出向く」ことに理由が必要な風潮もありますが、この時期は特に理由がなくとも、物理的に出かけていくことが重要です。人と「会う」ということの真の意味がわかる時です。

◆迷わず相手にぶつかる勇気。

21日以降、熱い人間関係の時間です。ここから9月頭にかけて、刺激的な出会いに恵まれます。タフな交渉に臨んだり、「真剣勝負」に挑む人もいるでしょう。人の懐に飛び込み、あるいは思い切ってぶつかって、得るものがあるはずです。

♥だんだん熱量が高まる。

愛のドラマのボルテージは右肩上がりです。月の頭はどこか密やかなムードですが、半ばを過ぎると徐々にオープンに、わかりやすい展開を見せます。カップルは月の後半、一緒に出かける機会がぐっと増えそうです。愛を探している人は、旅先や出かけた先での出会いが期待できます。遠くから来た人と意気投合し、突発的にパートナーシップを結ぶ人も。

▶▶ 7月 全体の星模様 ◀◀

牡牛座の火星が天王星に重なり「爆発的」な雰囲気です。特に経済活動に関して、驚きの変化が起こりそうです。蓄積されてきたエネルギーに火がつく節目です。21日、火星は木星が待っている双子座に入ります。この21日は今年二度目の山羊座の満月で、水瓶座に移動完了しつつある冥王星と重なっていて、こちらも相当爆発的です。世の中がガラッと変わるような大ニュースも。

8

AUGUST

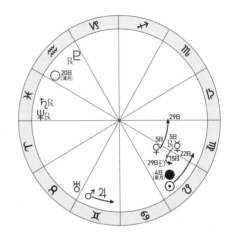

◆**人間関係の、地殻変動。**

人間関係が「燃え上がる」時です。情熱的に人と関われますし、素晴らしい刺激を受け取れます。タフな交渉に臨んでいる人、誰かと大ゲンカ中の人もいるかもしれません。ここでの衝突はある種「地殻変動」のような意味合いを持っています。新たな大地の形成のために、マグマが噴き上がるのです。

◆**人のために時間を割く。**

仕事や対外的な活動において、混乱や戸惑いが生じるかもしれません。スケジュールが頻繁に変更になったり、待ち状態が続いたりと、もどかしい場面も多そうですが、先を急いでも意味がありません。むしろ、ここでは緩く時間を使ったほうが、取

りこぼしがありません。怠けてしまったり、なんとなく遊んでしまったりしても、そのふわふわした時間の中に、見るべきものが詰まっています。特に、誰かがついてくるのを待つとか、誰かのサポートのために自分の足を留めるなどのことは、この時期非常に大きな意味があります。「人」を最優先にして、後はどっしり構えて。

❤ 粘り強く向き合いたい時。

引き続き、ホットな出会いの時です。穏やかさ、柔らかさは微塵もありません。誰かと大ゲンカしていたはずなのに、その相手といつのまにか情熱的に愛し合っていた、といったドラマティックな展開もあり得ます。出会い頭に意気投合したり、パートナーと真剣勝負したりと、愛の関係にある種の「衝撃」が走り、そこから新たな愛の地平が生まれる時なのです。ケンカ巧者の射手座の人々ですが、諦めが早いのが玉に瑕です。愛の関係の中での衝突では、粘り強さがなにより大事です。行き詰まりを感じたら少し時間を置いて再挑戦を。

▶ 8月 全体の星模様 ◀

双子座に火星と木星が同座し、あらゆる意味で「熱い」時期となっています。荒ぶるエネルギーが爆発するようなイメージの配置で、普段抱えている不満や問題意識がはじけ飛んだようなアクションを起こせそうです。徹底的な交渉の上で要求を通せます。一方、5日から29日まで水星が乙女座ー獅子座にまたがって逆行します。金星も重なっていて、少々グダグダになる雰囲気も。

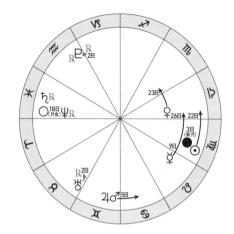

◆**軽やかなスタート。**

爽やかな忙しさに包まれます。得意分野で活躍できたり、ずっと狙っていたポジションに立てたりと、嬉しいことが多いでしょう。肩に力を入れず、軽やかに動き回って、大きな結果を出せます。3日前後から新しいミッションがスタートし、月の中旬から軌道に乗る、といった展開になる気配も。

◆**善意や好意を、集めて動かす。** ♥♥

「人に恵まれる」時です。仲間や交友関係が一気に広がり、愛情をたくさん受け取れるでしょう。大仕事に臨む時にも心強いサポートを受けられます。また、この時期は自分の要望を周囲にハッキリ伝えていくことで、予想外の恩恵を受けられる感じも

あります。変に遠慮せず、「これが足りない」「こういうものが欲しい」とアピールしていくことが大事です。人の力を気軽に借りていくことが、周囲の人にとってもある種の救いになるようです。「何かしてあげたいけれど、何をしたら喜んでくれるのかわからない」という人が、あなたのまわりにこの時期、結構たくさんいるようなのです。

♥ケンカの後で、深く愛し合う。

7月末頃からパートナーと険悪な状態になっていた人、ケンカ続きだった人もいるかもしれませんが、5日を境にその状況から脱出できます。仲直りした結果、ケンカする前よりもずっと深くわかり合い、仲良くなれるかもしれません。5日から11月頭まで、非常に官能的な時間となっています。互いに求め合い、与え合える幸福な時間を過ごせるでしょう。愛を探している人は、ここまでの「当たって砕けろ」の結果が出てくる時間に入ります。また、交友関係が広がる中で、とても爽やかな、自然な形で縁を掴めるかもしれません。

▶ 9月 全体の星模様 ◀

双子座で木星と同座していた火星が蟹座に抜け、ヒートアップした雰囲気が一段落します。金星は既に天秤座に「帰宅」しており、水星も順行に戻って9日から乙女座入り、オウンサインです。水星も金星も自分の支配する星座で、その力がストレートに出やすいとされる配置になります。コミュニケーションやビジネス、交渉や人間関係全般が、軌道修正の流れに乗ります。

MONTHLY
HOROSCOPE

10

OCTOBER

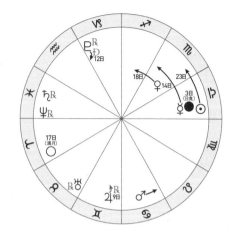

◆**「潔さ」の対岸にある価値。**

「しがらみ」は一般に「悪いもの」とされますが、この時期はむ
しろ、簡単に切り捨てたり片づけたりできない繋がりが、とて
も貴重なものと感じられるかもしれません。リクツや損得で扱
えない、誰かとの深く濃い関係に強いスポットライトが当たっ
ています。「潔さ」の反対にあるものを見つめて。

◆**一人で楽しむ時間。**

月の中旬までは「一人で楽しめること」がたくさんありそうで
す。普段大勢で楽しむことが好きな人も、この時期は特別に「自
分だけの密かな喜び」を追求したくなります。また、少数精鋭
でのクローズドな集まりを企画する人もいるかもしれません。敢

えて「閉じる」ことで生まれる価値があります。

◈人間関係の広がりも。 ♥♥♥

3日前後、新しい友達ができるかもしれません。あるいは、ミラクルな縁を得て新しい活躍の場を見つける人もいるでしょう。18日からはキラキラの楽しい時間に入ります。人に恵まれるにぎやかでオープンな時間の到来です。

♥「家族になる」ための選択。 ♥♥♥

18日以降、素晴らしい愛の光が射し込みます。既に5月末から「パートナーシップの季節」に入っている射手座の人々ですが、愛を探している人、パートナーを求めている人は特に、ここから11月前半にかけて話が一気に進展するかもしれません。「電撃結婚」の可能性も。恋愛することと、家族としてともに生きることの間には、深くて広いギャップがありますが、この時期はそのギャップを率直に認識しながら、「家族になる」方向に舵を切れるようです。

10月 全体の星模様

引き続き、火星が蟹座に位置し、金星は蠍座に入っています。太陽は天秤座で、これらの配置は全て「ちょっと変則的な面が出る」形とされています。エネルギーが暴走したり、タイミングがズレたりと、想定外の展開が多そうですが、そうしたはみ出る部分、過剰な部分がむしろ、物事の可能性を広げてくれます。3日は天秤座での日食、南米などで金環日食が見られます。

MONTHLY
HOROSCOPE

11

NOVEMBER

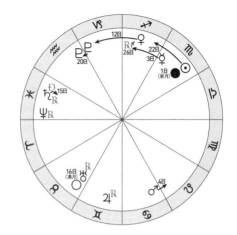

◆ **立ち止まって、見つめる。**

ここから1月頭にかけて、じっくり時間をかけて取り組むべき
テーマが浮上します。先を急がず、時間をたっぷり使い、見直
しややり直しを繰り返しながら、そのテーマを深く掘り下げる
ことができます。また、誰かと一対一で真剣に向き合う人も。通
り過ぎず、立ち止まって見つめる時間です。

◆ **「第二の故郷」を見つける。**

熱い旅の季節が始まります。2025年6月半ばまでの中で、大遠
征をする人が少なくないでしょう。留学や移住など、スケール
の大きな移動をする人もいれば、何度も同じ場所を訪ねること
になる人も。自分と「その場所」の関係が強まります。「第二の

54

故郷」のような場所に出会えるかもしれません。

◆長年の努力の果実。

2008年頃からの経済的な大冒険が、20日に収束します。ここまでの努力の成果を、12月までざくざく収穫できそうです。

♥境界線が壊れる。

密度の高いパートナーシップの季節です。「自分は自分、相手は相手」といった突き放した距離感は、この時期は全く通用しません。自分の時間を相手に取られている感じがするかもしれませんし、逆に相手の人生の一部を自分がもぎ取っているように思える人もいるでしょう。お互いの間にあったはずの境界線が消え失せ、踏み込み合う必要が出てくるのです。愛を探している人は、相手の世界に飛び込んでいくような形で恋愛をスタートさせることになるかもしれません。じわじわ距離を詰めるようなことができず、いきなりドカンと境界線をぶち破ってしまうような始まり方になりそうです。

》11月 全体の星模様 《

火星は4日から1月6日まで獅子座に滞在し、さらに逆行を経て2025年4月18日から6月17日まで長期滞在します。2025年半ばまでの中で、二段階にわたる「勝負」ができる時と言えます。射手座の水星と双子座の木星は、互いに支配星を交換するような「ミューチュアル・リセプション」の位置関係になります。錯綜するニュースがセンセーショナルに注目されそうです。

12

DECEMBER

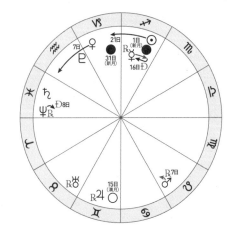

◆「助けてもらう」勇気を。　　　　　　　

引き続き、月の前半は「ゆっくり・じっくり」の時間の中にあ
ります。年末の多忙な時期なのになぜか怠けてしまったり、体
調を崩したりと、先に進めない焦りを感じる人もいそうですが、
今は緩めるだけ緩めておくことも大事なのです。人に助けられ
たり、委ねたりすることで多くを得られます。

◆誰かのためのスタートライン。　　　　　　

1日前後、重要なスタートラインに立つことになるかもしれま
せん。誰かに強く誘われて新しい活動を始める人、外部の事情
に強く背中を押されるように重要な選択をする人もいるでしょ
う。この時期の「スタート」は特に、家族や身内のため、ある

いは誰か特定の人のために選び取られている気配もあります。ただ「誰か」への思いが強すぎて、自分自身のニーズが制限されすぎている場合、後で強い反動が起こる可能性も。自分の思いを犠牲にしすぎないこと、自分自身との相談をしっかりしておくことが大切です。

♥ 立場を入れ換えてみる。

5月末から「パートナーシップの季節」の中にありますが、この時期は特にパートナーとの距離が縮まります。パートナーの手を借りる場面が増えるのかもしれませんし、話し合う時間が多くなるのかもしれません。お互いが担っている役割を取り替えるなど、イレギュラーなことも起こります。そんな体験を通して、相手を捉える解像度がぐっと高まりそうです。愛を探している人は「再会」がカギになりそうです。懐かしい人との再会がきっかけになっての出会い、失った愛の復活などが起こりやすい時です。知的好奇心を共有できる場、旅先での出会いにも妙味があります。

》》 12月 全体の星模様 《《

水星は16日まで射手座で逆行します。「流言飛語による混乱」を感じさせる形です。コミュニケーションや交通機関にまつわる混乱が起こりやすいかもしれません。火のないところにウワサが立って大きくなる時なので「舌禍」に気をつけたいところです。水瓶座入りしたばかりの冥王星に、獅子座の火星が180度でアプライ（接近）します。欲望や戦意が荒ぶる高揚を見せそうです。

HOSHIORI

月と星で読む
射手座 366日のカレンダー

◆月の巡りで読む、12種類の日。

　毎日の占いをする際、最も基本的な「時計の針」となるのが、月の動きです。「今日、月が何座にいるか」がわかれば、今日のあなたの生活の中で、どんなテーマにスポットライトが当たっているかがわかります（P.64からの「366日のカレンダー」に、毎日の月のテーマが書かれています。🌙マークは新月や満月など、◆マークは星の動きです）。

　本書では、月の位置による「その日のテーマ」を、右の表のように表しています。

　月は1ヵ月で12星座を一回りするので、一つの星座に2日半ほど滞在します。ゆえに、右の表の「○○の日」は、毎日変わるのではなく、2日半ほどで切り替わります。

　月が星座から星座へと移動するタイミングが、切り替えの時間です。この「切り替えの時間」はボイドタイムの終了時間と同じです。

1. **スタートの日**：物事が新しく始まる日。
「仕切り直し」ができる、フレッシュな雰囲気の日。

2. **お金の日**：経済面・物質面で動きが起こりそうな日。
自分の手で何かを創り出せるかも。

3. **メッセージの日**：素敵なコミュニケーションが生まれる。
外出、勉強、対話の日。待っていた返信が来る。

4. **家の日**：身近な人や家族との関わりが豊かになる。
家事や掃除など、家の中のことをしたくなるかも。

5. **愛の日**：恋愛他、愛全般に追い風が吹く日。
好きなことができる。自分の時間を作れる。

6. **メンテナンスの日**：体調を整えるために休む人も。
調整や修理、整理整頓、実務などに力がこもる。

7. **人に会う日**：文字通り「人に会う」日。
人間関係が活性化する。「提出」のような場面も。

8. **プレゼントの日**：素敵なギフトを受け取れそう。
他人のアクションにリアクションするような日。

9. **旅の日**：遠出することになるか、または、
遠くから人が訪ねてくるかも。専門的学び。

10. **達成の日**：仕事や勉強など、頑張ってきたことについて、
何らかの結果が出るような日。到達。

11. **友だちの日**：交友関係が広がる、賑やかな日。
目指している夢や目標に一歩近づけるかも。

12. **ひみつの日**：自分一人の時間を持てる日。
自分自身としっかり対話できる。

◆ 太陽と月と星々が巡る「ハウス」のしくみ。

前ページの、月の動きによる日々のテーマは「ハウス」というしくみによって読み取れます。

「ハウス」は、「世俗のハウス」とも呼ばれる、人生や生活の様々なイベントを読み取る手法です。12星座の一つ一つを「部屋」に見立て、そこに星が出入りすることで、その時間に起こる出来事の意義やなりゆきを読み取ろうとするものです。

自分の星座が「第1ハウス」で、そこから反時計回りに12まで数字を入れてゆくと、ハウスの完成です。

第1ハウス：「自分」のハウス
第2ハウス：「生産」のハウス
第3ハウス：「コミュニケーション」のハウス
第4ハウス：「家」のハウス
第5ハウス：「愛」のハウス
第6ハウス：「任務」のハウス
第7ハウス：「他者」のハウス
第8ハウス：「ギフト」のハウス
第9ハウス：「旅」のハウス
第10ハウス：「目標と結果」のハウス
第11ハウス：「夢と友」のハウス
第12ハウス：「ひみつ」のハウス

例：射手座の人の場合

自分の星座が
第1ハウス

反時計回り

たとえば、今日の月が射手座に位置していたとすると、この日は「第1ハウスに月がある」ということになります。

前々ページの「〇〇の日」の前に打ってある数字は、実はハウスを意味しています。「第1ハウスに月がある」日は、「1. スタートの日」です。

太陽と月、水星から海王星までの惑星、そして準惑星の冥王星が、この12のハウスをそれぞれのスピードで移動していきます。「どの星がどのハウスにあるか」で、その時間のカラーやそのとき起こっていることの意味を、読み解くことができるのです。詳しくは『星読み＋2022〜2032年データ改訂版』(幻冬舎コミックス刊)、または『月で読むあしたの星占い』(すみれ書房刊)でどうぞ！

1 · JANUARY ·

1 月
達成の日
目標に手が届く。結果が出る日。人から認められる場面も。

---

2 火
達成の日
目標に手が届く。結果が出る日。人から認められる場面も。
◆水星が「自分」のハウスで順行へ。不調や停滞感からの解放、始動。考えがまとまる。

---

3 水
達成の日 ▶ 友だちの日　　　　　　　　　　　　[ボイド] 08:38〜09:48
肩の力が抜け、伸びやかな気持ちになれる。

---

4 木
◐友だちの日
未来のプランを立てる。友だちと過ごせる。チームワーク。
◆火星が「生産」のハウスへ。ほてりが収まって地に足がつく。経済的な「勝負」も。

---

5 金
友だちの日 ▶ ひみつの日　　　　　　　　　　　[ボイド] 20:42〜21:41
ざわめきから少し離れたくなる。自分の時間。

---

6 土
ひみつの日
一人の時間。過去を振り返り、戦略を練る。自分を大事にする。

---

7 日
ひみつの日
一人の時間。過去を振り返り、戦略を練る。自分を大事にする。

---

8 月
ひみつの日 ▶ スタートの日　　　　　　　　　　[ボイド] 05:24〜06:10
新しいことを始めやすい時間に切り替わる。

---

9 火
スタートの日
主役の意識で動く。新しい選択肢を選べる。気持ちが切り替わる。

---

10 水
スタートの日 ▶ お金の日　　　　　　　　　　　[ボイド] 03:26〜10:35
物質面・経済活動が活性化する時間に入る。

---

11 木
●お金の日
いわゆる「金運がいい」日。実入りが良く、いい買い物もできそう。
◑「生産」のハウスで新月。新しい経済活動をスタートさせる。新しいものを手に入れる。

---

12 金
お金の日 ▶ メッセージの日　　　　　　　　　　[ボイド] 11:35〜12:03
「動き」が出てくる。コミュニケーションの活性。

---

13 土
メッセージの日　　　　　　　　　　　　　　　　[ボイド] 19:00〜
待っていた朗報が届く。勉強が捗る。外に出たくなる日。

---

14 日
メッセージの日 ▶ 家の日　　　　　　　　　　　[ボイド] 〜12:31
生活環境や身内に目が向かう。原点回帰。
◆水星が「生産」のハウスへ。経済活動に知性を活かす。情報収集、経営戦略。在庫整理。

---

15 月
家の日
「普段の生活」が充実。身内との関係強化。環境改善ができる。

---

16 火
家の日 ▶ 愛の日　　　　　　　　　　　　　　　[ボイド] 13:34〜13:50
愛の追い風が吹く。好きなことができる。

17	水	愛の日 愛について嬉しいことがある。子育て、趣味、創作にも追い風が。
18	木	●愛の日 ▶ メンテナンスの日　　　　　　　　　　[ボイド] 17:04〜17:14 「やりたいこと」から「やるべきこと」へのシフト。
19	金	メンテナンスの日 生活や心身の故障部分を修理できる。ケアしたり、されたり。
20	土	メンテナンスの日 ▶ 人に会う日　　　　　　　　　[ボイド] 22:59〜23:00 「自分の世界」から「外界」へ出るような節目。 ◆太陽が「コミュニケーション」のハウスへ。1年のサイクルの中で コミュニケーションを繋ぎ直すとき。
21	日	人に会う日 人に会ったり、会う約束をしたりする日。出会いの気配も。 ◆冥王星が「コミュニケーション」のハウスへ。ここから2043年頃 にかけ、限りなく深く学べる。
22	月	人に会う日 人に会ったり、会う約束をしたりする日。出会いの気配も。
23	火	人に会う日 ▶ プレゼントの日　　　　　　　　　　[ボイド] 05:42〜06:52 他者との関係に、さらに一歩踏み込めるように。 ◆金星が「生産」のハウスへ。経済活動の活性化、上昇気流。物質 的豊かさの開花。
24	水	プレゼントの日 人から貴重なものを受け取れる。提案を受ける場面も。
25	木	プレゼントの日 ▶ 旅の日　　　　　　　　　　　　[ボイド] 08:00〜16:38 遠い場所との間に、橋が架かり始める。
26	金	○旅の日 遠出したり、遠くから人が訪ねてくれたりする日。発信力も増す。 ）「旅」のハウスで満月。遠い場所への扉が「満を持して」開かれる。 遠くまで声が届く。
27	土	旅の日　　　　　　　　　　　　　　　　　　　　[ボイド] 06:21〜 遠出したり、遠くから人が訪ねてくれたりする日。発信力も増す。 ◆天王星が「任務」のハウスで順行へ。従順であること、常識や前 提条件に疑問が湧いてくる。
28	日	旅の日 ▶ 達成の日　　　　　　　　　　　　　　　[ボイド] 〜04:13 意欲が湧く。はっきりした成果が出る時間へ。
29	月	達成の日 目標に手が届く。結果が出る日。人から認められる場面も。
30	火	達成の日 ▶ 友だちの日　　　　　　　　　　　　　[ボイド] 08:22〜17:06 肩の力が抜け、伸びやかな気持ちになれる。
31	水	友だちの日 未来のブランを立てる。友だちと過ごせる。チームワーク。

2・FEBRUARY・

1	木	友だちの日 未来のプランを立てる。友だちと過ごせる。チームワーク。 [ボイド] 18:05〜
2	金	友だちの日 ▶ ひみつの日 [ボイド] 〜05:39 ざわめきから少し離れたくなる。自分の時間。
3	土	◑ ひみつの日 一人の時間。過去を振り返り、戦略を練る。自分を大事にする。
4	日	ひみつの日 ▶ スタートの日 [ボイド] 12:26〜15:30 新しいことを始めやすい時間に切り替わる。
5	月	スタートの日 主役の意識で動く。新しい選択肢を選べる。気持ちが切り替わる。 ◆水星が「コミュニケーション」のハウスへ。知的活動の活性化、コミュニケーションの進展。学習の好機。
6	火	スタートの日 ▶ お金の日 [ボイド] 14:08〜21:10 物質面・経済活動が活性化する時間に入る。
7	水	お金の日 いわゆる「金運がいい」日。実入りが良く、いい買い物もできそう。
8	木	お金の日 ▶ メッセージの日 [ボイド] 16:54〜23:01 「動き」が出てくる。コミュニケーションの活性。
9	金	メッセージの日 待っていた朗報が届く。勉強が捗る。外に出たくなる日。
10	土	● メッセージの日 ▶ 家の日 [ボイド] 08:01〜22:44 生活環境や身内に目が向かう。原点回帰。 ☽「コミュニケーション」のハウスで新月。新しいコミュニケーションが始まる。学び始める。朗報も。
11	日	家の日 「普段の生活」が充実。身内との関係強化。環境改善ができる。
12	月	家の日 ▶ 愛の日 [ボイド] 21:33〜22:27 愛の追い風が吹く。好きなことができる。
13	火	愛の日 愛について嬉しいことがある。子育て、趣味、創作にも追い風が。 ◆火星が「コミュニケーション」のハウスに。熱いコミュニケーション、議論。向学心。外に出て動く日々へ。
14	水	愛の日 [ボイド] 19:22〜 愛について嬉しいことがある。子育て、趣味、創作にも追い風が。
15	木	愛の日 ▶ メンテナンスの日 [ボイド] 〜00:04 「やりたいこと」から「やるべきこと」へのシフト。
16	金	メンテナンスの日 生活や心身の故障部分を修理できる。ケアしたり、されたり。

17	土	●メンテナンスの日 ▶ 人に会う日 [ボイド] 00:02〜04:41
		「自分の世界」から「外界」へ出るような節目。
		◆金星が「コミュニケーション」のハウスへ。喜びある学び、対話、外出。言葉による優しさ、愛の伝達。

18	日	人に会う日
		人に会ったり、会う約束をしたりする日。出会いの気配も。

19	月	人に会う日 ▶ プレゼントの日 [ボイド] 12:22〜12:26
		他者との関係に、さらに一歩踏み込めるように。
		◆太陽が「家」のハウスへ。1年のサイクルの中で「居場所・家・心」を整備し直すとき。

20	火	プレゼントの日
		人から貴重なものを受け取れる。提案を受ける場面も。

21	水	プレゼントの日 ▶ 旅の日 [ボイド] 15:39〜22:42
		遠い場所との間に、橋が架かり始める。

22	木	旅の日
		遠出したり、遠くから人が訪ねてくれたりする日。発信力も増す。

23	金	旅の日 [ボイド] 13:19〜
		遠出したり、遠くから人が訪ねてくれたりする日。発信力も増す。
		◆水星が「家」のハウスへ。来訪者。身近な人との対話。若々しい風が居場所に吹き込む。

24	土	○旅の日 ▶ 達成の日 [ボイド] 〜10:39
		意欲が湧く。はっきりした成果が出る時間へ。
		☽「目標と結果」のハウスで満月。目標達成のとき。社会的立場が一段階上がるような節目。

25	日	達成の日
		目標に手が届く。結果が出る日。人から認められる場面も。

26	月	達成の日 ▶ 友だちの日 [ボイド] 16:37〜23:31
		肩の力が抜け、伸びやかな気持ちになれる。

27	火	友だちの日
		未来のプランを立てる。友だちと過ごせる。チームワーク。

28	水	友だちの日 [ボイド] 03:23〜
		未来のプランを立てる。友だちと過ごせる。チームワーク。

29	木	友だちの日 ▶ ひみつの日 [ボイド] 〜12:11
		ざわめきから少し離れたくなる。自分の時間。

3 ·MARCH·

1	金	ひみつの日 一人の時間。過去を振り返り、戦略を練る。自分を大事にする。
2	土	ひみつの日 ▶ スタートの日　　　　　　　　　　[ボイド] 16:49〜22:58 新しいことを始めやすい時間に切り替わる。
3	日	スタートの日 主役の意識で動く。新しい選択肢を選べる。気持ちが切り替わる。
4	月	●スタートの日 主役の意識で動く。新しい選択肢を選べる。気持ちが切り替わる。
5	火	スタートの日 ▶ お金の日　　　　　　　　　　　[ボイド] 00:42〜06:17 物質面・経済活動が活性化する時間に入る。
6	水	お金の日 いわゆる「金運がいい」日。実入りが良く、いい買い物もできそう。
7	木	お金の日 ▶ メッセージの日　　　　　　　　　　[ボイド] 04:37〜09:40 「動き」が出てくる。コミュニケーションの活性。
8	金	メッセージの日 待っていた朗報が届く。勉強が捗る。外に出たくなる日。
9	土	メッセージの日 ▶ 家の日　　　　　　　　　　　[ボイド] 03:57〜10:05 生活環境や身内に目が向かう。原点回帰。
10	日	●家の日 「普段の生活」が充実。身内との関係強化。環境改善ができる。 ◆水星が「愛」のハウスへ。愛に関する学び、教育。若々しい創造 性、遊び。知的創造。◯「家」のハウスで新月。心の置き場所が新 たに定まる。日常に新しい風が吹き込む。
11	月	家の日 ▶ 愛の日　　　　　　　　　　　　　　　[ボイド] 04:47〜09:21 愛の追い風が吹く。好きなことができる。
12	火	愛の日　　　　　　　　　　　　　　　　　　　　[ボイド] 20:10〜 愛について嬉しいことがある。子育て、趣味、創作にも追い風が。 ◆金星が「家」のハウスへ。身近な人とのあたたかな交流。愛着。 居場所を美しくする。
13	水	愛の日 ▶ メンテナンスの日　　　　　　　　　　[ボイド] 〜09:30 「やりたいこと」から「やるべきこと」へのシフト。
14	木	メンテナンスの日 生活や心身の故障部分を修理できる。ケアしたり、されたり。
15	金	メンテナンスの日 ▶ 人に会う日　　　　　　　　[ボイド] 07:31〜12:17 「自分の世界」から「外界」へ出るような節目。
16	土	人に会う日 人に会ったり、会う約束をしたりする日。出会いの気配も。
17	日	●人に会う日 ▶ プレゼントの日　　　　　　　　[ボイド] 13:45〜18:42 他者との関係に、さらに一歩踏み込めるように。

18	月	プレゼントの日
		人から貴重なものを受け取れる。提案を受ける場面も。

19	火	プレゼントの日
		人から貴重なものを受け取れる。提案を受ける場面も。

20	水	プレゼントの日 ▶ 旅の日　　　　　　　　[ボイド] 03:54〜04:34
		遠い場所との間に、橋が架かり始める。 ◆太陽が「愛」のハウスへ。1年のサイクルの中で「愛・喜び・創造性」を再生するとき。

21	木	旅の日
		遠出したり、遠くから人が訪ねてくれたりする日。発信力も増す。

22	金	旅の日 ▶ 達成の日　　　　　　　　　　[ボイド] 15:36〜16:43
		意欲が湧く。はっきりした成果が出る時間へ。

23	土	達成の日
		目標に手が届く。結果が出る日。人から認められる場面も。 ◆火星が「家」のハウスへ。居場所を「動かす」時期。環境変化、引越、家族との取り組み。

24	日	達成の日
		目標に手が届く。結果が出る日。人から認められる場面も。

25	月	○達成の日 ▶ 友だちの日　　　　　　　[ボイド] 00:51〜05:39
		肩の力が抜け、伸びやかな気持ちになれる。 ☽「夢と友」のハウスで月食。特別な形で、希望が叶えられる。「恵み」を感じるとき。

26	火	友だちの日
		未来のプランを立てる。友だちと過ごせる。チームワーク。

27	水	友だちの日 ▶ ひみつの日　　　　　　　[ボイド] 08:11〜18:04
		ざわめきから少し離れたくなる。自分の時間。

28	木	ひみつの日
		一人の時間。過去を振り返り、戦略を練る。自分を大事にする。

29	金	ひみつの日
		一人の時間。過去を振り返り、戦略を練る。自分を大事にする。

30	土	ひみつの日 ▶ スタートの日　　　　　　[ボイド] 00:41〜04:53
		新しいことを始めやすい時間に切り替わる。

31	日	スタートの日
		主役の意識で動く。新しい選択肢を選べる。気持ちが切り替わる。

4 ·APRIL·

1 月 スタートの日 ▶ お金の日   [ボイド] 09:18〜13:07
物質面・経済活動が活性化する時間に入る。

2 火 ☽ お金の日
いわゆる「金運がいい」日。実入りが良く、いい買い物もできそう。
◆水星が「愛」のハウスで逆行開始。失われた愛や喜びが「復活」
するかも。創造的熟成。

3 水 お金の日 ▶ メッセージの日   [ボイド] 14:42〜18:09
「動き」が出てくる。コミュニケーションの活性。

4 木 メッセージの日
待っていた朗報が届く。勉強が捗る。外に出たくなる日。

5 金 メッセージの日 ▶ 家の日   [ボイド] 14:41〜20:14
生活環境や身内に目が向かう。原点回帰。
◆金星が「愛」のハウスへ。華やかな愛の季節の始まり。創造的活
動への強い追い風。

6 土 家の日
「普段の生活」が充実。身内との関係強化。環境改善ができる。

7 日 家の日 ▶ 愛の日   [ボイド] 17:29〜20:26
愛の追い風が吹く。好きなことができる。

8 月 愛の日
愛について嬉しいことがある。子育て、趣味、創作にも追い風が。

9 火 ● 愛の日 ▶ メンテナンスの日   [ボイド] 11:40〜20:25
「やりたいこと」から「やるべきこと」へのシフト。
☽「愛」のハウスで日食。愛が特別な形で「生まれかわる」かも。創
造性の再生。

10 水 メンテナンスの日
生活や心身の故障部分を修理できる。ケアしたり、されたり。

11 木 メンテナンスの日 ▶ 人に会う日   [ボイド] 19:06〜22:00
「自分の世界」から「外界」へ出るような節目。

12 金 人に会う日
人に会ったり、会う約束をしたりする日。出会いの気配も。

13 土 人に会う日   [ボイド] 23:48〜
人に会ったり、会う約束をしたりする日。出会いの気配も。

14 日 人に会う日 ▶ プレゼントの日   [ボイド] 〜02:47
他者との関係に、さらに一歩踏み込めるように。

15 月 プレゼントの日
人から貴重なものを受け取れる。提案を受ける場面も。

16 火 ◐ プレゼントの日 ▶ 旅の日   [ボイド] 08:24〜11:26
遠い場所との間に、橋が架かり始める。

| 17 | 水 | 旅の日
遠出したり、遠くから人が訪ねてくれたりする日。発信力も増す。 |

| 18 | 木 | 旅の日 ▶ 達成の日　　　　　　　　　　　　　[ボイド] 21:04〜23:12
意欲が湧く。はっきりした成果が出る時間へ。 |

| 19 | 金 | 達成の日
目標に手が届く。結果が出る日。人から認められる場面も。
◆太陽が「任務」のハウスへ。1年のサイクルの中で「健康・任務・日常」を再構築するとき。 |

| 20 | 土 | 達成の日
目標に手が届く。結果が出る日。人から認められる場面も。 |

| 21 | 日 | 達成の日 ▶ 友だちの日　　　　　　　　　　　[ボイド] 09:21〜12:10
肩の力が抜け、伸びやかな気持ちになれる。 |

| 22 | 月 | 友だちの日
未来のプランを立てる。友だちと過ごせる。チームワーク。 |

| 23 | 火 | 友だちの日　　　　　　　　　　　　　　　　[ボイド] 08:26〜
未来のプランを立てる。友だちと過ごせる。チームワーク。 |

| 24 | 水 | ○友だちの日 ▶ ひみつの日　　　　　　　　　[ボイド] 〜00:21
ざわめきから少し離れたくなる。自分の時間。
☽「ひみつ」のハウスで満月。時間をかけて治療してきた傷が癒える。自他を赦し赦される。 |

| 25 | 木 | ひみつの日
一人の時間。過去を振り返り、戦略を練る。自分を大事にする。
◆水星が「愛」のハウスで順行へ。愛や創造的活動の「前進再開」。発言力が強まる。 |

| 26 | 金 | ひみつの日 ▶ スタートの日　　　　　　　　　[ボイド] 08:18〜10:39
新しいことを始めやすい時間に切り替わる。 |

| 27 | 土 | スタートの日
主役の意識で動く。新しい選択肢を選べる。気持ちが切り替わる。 |

| 28 | 日 | スタートの日 ▶ お金の日　　　　　　　　　　[ボイド] 16:33〜18:39
物質面・経済活動が活性化する時間に入る。 |

| 29 | 月 | お金の日
いわゆる「金運がいい」日。実入りが良く、いい買い物もできそう。
◆金星が「任務」のハウスへ。美しい生活スタイルの実現。美のための習慣。楽しい仕事。 |

| 30 | 火 | お金の日
いわゆる「金運がいい」日。実入りが良く、いい買い物もできそう。 |

5 ·MAY·

1	水	❶お金の日 ▶ メッセージの日 　　　　　　　　　　　　[ボイド] 00:20〜00:21 「動き」が出てくる。コミュニケーションの活性。 ◆火星が「愛」のハウスへ。情熱的な愛、積極的自己表現。愛と理想のための戦い。
2	木	メッセージの日 　　　　　　　　　　　　　　　　　[ボイド] 18:30〜 待っていた朗報が届く。勉強が捗る。外に出たくなる日。
3	金	メッセージの日 ▶ 家の日 　　　　　　　　　　　　　[ボイド] 〜03:53 生活環境や身内に目が向かう。原点回帰。 ◆冥王星が「コミュニケーション」のハウスで逆行開始。自分が何を知りたがっているのか、掘り下げる。
4	土	家の日 「普段の生活」が充実。身内との関係強化。環境改善ができる。
5	日	家の日 ▶ 愛の日 　　　　　　　　　　　　　　　　　[ボイド] 04:08〜05:42 愛の追い風が吹く。好きなことができる。
6	月	愛の日 　　　　　　　　　　　　　　　　　　　　　[ボイド] 14:59〜 愛について嬉しいことがある。子育て、趣味、創作にも追い風が。
7	火	愛の日 ▶ メンテナンスの日 　　　　　　　　　　　　[ボイド] 〜06:44 「やりたいこと」から「やるべきこと」へのシフト。
8	水	●メンテナンスの日 生活や心身の故障部分を修理できる。ケアしたり、されたり。 ☽「任務」のハウスで新月。新しい生活習慣、新しい任務がスタートするとき。体調の調整。
9	木	メンテナンスの日 ▶ 人に会う日 　　　　　　　　　　[ボイド] 06:57〜08:22 「自分の世界」から「外界」へ出るような節目。
10	金	人に会う日 人に会ったり、会う約束をしたりする日。出会いの気配も。
11	土	人に会う日 ▶ プレゼントの日 　　　　　　　　　　　[ボイド] 10:51〜12:15 他者との関係に、さらに一歩踏み込めるように。
12	日	プレゼントの日 人から貴重なものを受け取れる。提案を受ける場面も。
13	月	プレゼントの日 ▶ 旅の日 　　　　　　　　　　　　　[ボイド] 18:14〜19:38 遠い場所との間に、橋が架かり始める。
14	火	旅の日 遠出したり、遠くから人が訪ねてくれたりする日。発信力も増す。
15	水	❶旅の日 遠出したり、遠くから人が訪ねてくれたりする日。発信力も増す。
16	木	旅の日 ▶ 達成の日 　　　　　　　　　　　　　　　　[ボイド] 01:42〜06:34 意欲が湧く。はっきりした成果が出る時間へ。 ◆水星が「任務」のハウスへ。日常生活の整理、整備。健康チェック。心身の調律。

17	金	達成の日 目標に手が届く。結果が出る日。人から認められる場面も。
18	土	達成の日 ▶ 友だちの日　　　　　　　　　　　　[ボイド] 18:10〜19:24 肩の力が抜け、伸びやかな気持ちになれる。
19	日	友だちの日 未来のプランを立てる。友だちと過ごせる。チームワーク。
20	月	友だちの日　　　　　　　　　　　　　　　　　[ボイド] 00:50〜 未来のプランを立てる。友だちと過ごせる。チームワーク。 ◆太陽が「他者」のハウスへ。1年のサイクルの中で人間関係を 「結び直す」とき。
21	火	友だちの日 ▶ ひみつの日　　　　　　　　　　　[ボイド] 〜07:36 ざわめきから少し離れたくなる。自分の時間。
22	水	ひみつの日 一人の時間。過去を振り返り、戦略を練る。自分を大事にする。
23	木	○ひみつの日 ▶ スタートの日　　　　　　　　　[ボイド] 16:30〜17:26 新しいことを始めたい時間に切り替わる。 ☽「自分」のハウスで満月。現在の自分を受け入れられる。誰かに 受け入れてもらえる。
24	金	スタートの日 主役の意識で動く。新しい選択肢を選べる。気持ちが切り替わる。 ◆金星が「他者」のハウスへ。人間関係から得られる喜び。愛ある パートナーシップ。
25	土	スタートの日　　　　　　　　　　　　　　　　[ボイド] 23:49〜 主役の意識で動く。新しい選択肢を選べる。気持ちが切り替わる。
26	日	スタートの日 ▶ お金の日　　　　　　　　　　　[ボイド] 〜00:37 物質面・経済活動が活性化する時間に入る。 ◆木星が「他者」のハウスへ。「パートナーシップと人間関係」の1 年へ歩を進める。
27	月	お金の日 いわゆる「金運がいい」日。実入りが良く、いい買い物もできそう。
28	火	お金の日 ▶ メッセージの日　　　　　　　　　　[ボイド] 05:04〜05:46 「動き」が出てくる。コミュニケーションの活性。
29	水	メッセージの日　　　　　　　　　　　　　　　[ボイド] 23:22〜 待っていた朗報が届く。勉強が捗る。外に出たくなる日。
30	木	メッセージの日 ▶ 家の日　　　　　　　　　　　[ボイド] 〜09:34 生活環境や身内に目が向かう。原点回帰。
31	金	●家の日 「普段の生活」が充実。身内との関係強化。環境改善ができる。

6 ・JUNE・

1	土	家の日 ▶ 愛の日　　　　　　　　　　　　　　[ボイド] 11:56〜12:30 愛の追い風が吹く。好きなことができる。
2	日	愛の日 愛について嬉しいことがある。子育て、趣味、創作にも追い風が。
3	月	愛の日 ▶ メンテナンスの日　　　　　　　　　[ボイド] 07:05〜14:57 「やりたいこと」から「やるべきこと」へのシフト。 ◆水星が「他者」のハウスへ。正面から向き合う対話。調整のための交渉。若い人との出会い。
4	火	メンテナンスの日 生活や心身の故障部分を修理できる。ケアしたり、されたり。
5	水	メンテナンスの日 ▶ 人に会う日　　　　　　　[ボイド] 17:11〜17:38 「自分の世界」から「外界」へ出るような節目。
6	木	● 人に会う日 人に会ったり、会う約束をしたりする日。出会いの気配も。 🌑「他者」のハウスで新月。出会いのとき。誰かとの関係が刷新。未来への約束を交わす。
7	金	人に会う日 ▶ プレゼントの日　　　　　　　　[ボイド] 21:17〜21:43 他者との関係に、さらに一歩踏み込めるように。
8	土	プレゼントの日 人から貴重なものを受け取れる。提案を受ける場面も。
9	日	プレゼントの日 人から貴重なものを受け取れる。提案を受ける場面も。 ◆火星が「任務」のハウスへ。多忙期へ。長く走り続けるための必要条件を、戦って勝ち取る。
10	月	プレゼントの日 ▶ 旅の日　　　　　　　　　　[ボイド] 04:07〜04:30 遠い場所との間に、橋が架かり始める。
11	火	旅の日 遠出したり、遠くから人が訪ねてくれたりする日。発信力も増す。
12	水	旅の日 ▶ 達成の日　　　　　　　　　　　　　[ボイド] 04:18〜14:40 意欲が湧く。はっきりした成果が出る時間へ。
13	木	達成の日 目標に手が届く。結果が出る日。人から認められる場面も。
14	金	◗ 達成の日 目標に手が届く。結果が出る日。人から認められる場面も。
15	土	達成の日 ▶ 友だちの日　　　　　　　　　　　[ボイド] 02:55〜03:14 肩の力が抜け、伸びやかな気持ちになれる。
16	日	友だちの日 未来のプランを立てる。友だちと過ごせる。チームワーク。

17	月	友だちの日 ▶ ひみつの日　　　　　　　　　[ボイド] 15:06〜15:40 ざわめきから少し離れたくなる。自分の時間。 ◆金星が「ギフト」のハウスへ。欲望の解放と調整、他者への要求、他者からの要求。甘え。◆水星が「ギフト」のハウスへ。利害のマネジメント。コンサルテーション。カウンセリング。
18	火	ひみつの日 一人の時間。過去を振り返り、戦略を練る。自分を大事にする。
19	水	ひみつの日 一人の時間。過去を振り返り、戦略を練る。自分を大事にする。
20	木	ひみつの日 ▶ スタートの日　　　　　　　　　[ボイド] 01:21〜01:33 新しいことを始めやすい時間に切り替わる。
21	金	スタートの日 主役の意識で動く。新しい選択肢を選べる。気持ちが切り替わる。 ◆太陽が「ギフト」のハウスへ。1年のサイクルの中で経済的授受のバランスを見直すとき。
22	土	○スタートの日 ▶ お金の日　　　　　　　　　[ボイド] 08:00〜08:10 物質面・経済活動が活性化する時間に入る。 ☽「生産」のハウスで満月。経済的・物質的な努力が実り、収穫が得られる。ゆたかさ、満足。
23	日	お金の日 いわゆる「金運がいい」日。実入りが良く、いい買い物もできそう。
24	月	お金の日 ▶ メッセージの日　　　　　　　　　[ボイド] 12:07〜12:16 「動き」が出てくる。コミュニケーションの活性。
25	火	メッセージの日 待っていた朗報が届く。勉強が捗る。外に出たくなる日。
26	水	メッセージの日 ▶ 家の日　　　　　　　　　[ボイド] 07:31〜15:09 生活環境や身内に目が向かう。原点回帰。
27	木	家の日 「普段の生活」が充実。身内との関係強化。環境改善ができる。
28	金	家の日 ▶ 愛の日　　　　　　　　　　　　　[ボイド] 17:46〜17:54 愛の追い風が吹く。好きなことができる。
29	土	愛の日 愛について嬉しいことがある。子育て、趣味、創作にも追い風が。
30	日	愛の日 ▶ メンテナンスの日　　　　　　　　　[ボイド] 13:58〜21:02 「やりたいこと」から「やるべきこと」へのシフト。 ◆土星が「家」のハウスで逆行開始。居場所や家族に関するプレッシャーが緩む。

7 ·JULY·

1 月
メンテナンスの日
生活や心身の故障部分を修理できる。ケアしたり、されたり。

2 火
メンテナンスの日
生活や心身の故障部分を修理できる。ケアしたり、されたり。
◆海王星が「家」のハウスで逆行開始。居場所に特別な「心の置き場所」を作り始める。◆水星が「旅」のハウスへ。軽やかな旅立ち。勉強や研究に追い風が。導き手に恵まれる。

3 水
メンテナンスの日 ▶ 人に会う日   [ボイド] 00:45～00:52
「自分の世界」から「外界」へ出るような節目。

4 木
人に会う日
人に会ったり、会う約束をしたりする日。出会いの気配も。

5 金
人に会う日 ▶ プレゼントの日   [ボイド] 05:45～05:53
他者との関係に、さらに一歩踏み込めるように。

6 土
●プレゼントの日
人から貴重なものを受け取れる。提案を受ける場面も。
☽「ギフト」のハウスで新月。心の扉を開く。誰かに導かれての経験。ギフトから始まること。

7 日
プレゼントの日 ▶ 旅の日   [ボイド] 12:49～12:57
遠い場所との間に、橋が架かり始める。

8 月
旅の日
遠出したり、遠くから人が訪ねてくれたりする日。発信力も増す。

9 火
旅の日 ▶ 達成の日   [ボイド] 15:05～22:49
意欲が湧く。はっきりした成果が出る時間へ。

10 水
達成の日
目標に手が届く。結果が出る日。人から認められる場面も。

11 木
達成の日
目標に手が届く。結果が出る日。人から認められる場面も。

12 金
達成の日 ▶ 友だちの日   [ボイド] 10:57～11:08
肩の力が抜け、伸びやかな気持ちになれる。
◆金星が「旅」のハウスへ。楽しい旅の始まり、旅の仲間。研究の果実。距離を越える愛。

13 土
友だちの日
未来のプランを立てる。友だちと過ごせる。チームワーク。

14 日
◐友だちの日 ▶ ひみつの日   [ボイド] 07:50～23:54
ざわめきから少し離れたくなる。自分の時間。

15 月
ひみつの日
一人の時間。過去を振り返り、戦略を練る。自分を大事にする。

16 火
ひみつの日
一人の時間。過去を振り返り、戦略を練る。自分を大事にする。

17 水　ひみつの日 ▶ スタートの日　　　　　　　　　　　　[ボイド] 10:12〜10:26
新しいことを始めやすい時間に切り替わる。

18 木　スタートの日
主役の意識で動く。新しい選択肢を選べる。気持ちが切り替わる。

19 金　スタートの日 ▶ お金の日　　　　　　　　　　　　　[ボイド] 17:00〜17:15
物質面・経済活動が活性化する時間に入る。

20 土　お金の日
いわゆる「金運がいい」日。実入りが良く、いい買い物もできそう。

21 日　○お金の日 ▶ メッセージの日　　　　　　　　　　　[ボイド] 20:28〜20:45
「動き」が出てくる。コミュニケーションの活性。
◆火星が「他者」のハウスへ。摩擦を怖れぬ対決。一対一の勝負。
攻めの交渉。他者からの刺激。）「生産」のハウスで満月。経済
的・物質的な努力が実り、収穫が得られる。豊かさ、満足。

22 月　メッセージの日
待っていた朗報が届く。勉強が捗る。外に出たくなる日。
◆太陽が「旅」のハウスへ。1年のサイクルの中で「精神的成長」を
確認するときへ。

23 火　メッセージの日 ▶ 家の日　　　　　　　　　　　　　[ボイド] 19:00〜22:25
生活環境や身内に目が向かう。原点回帰。

24 水　家の日
「普段の生活」が充実。身内との関係強化。環境改善ができる。

25 木　家の日 ▶ 愛の日　　　　　　　　　　　　　　　　[ボイド] 23:33〜23:54
愛の追い風が吹く。好きなことができる。

26 金　愛の日
愛について嬉しいことがある。子育て、趣味、創作にも追い風が。
◆水星が「目標と結果」のハウスへ。ここから忙しくなる。新しい課
題、ミッション、使命。

27 土　愛の日　　　　　　　　　　　　　　　　　　　　　[ボイド] 07:16〜
愛について嬉しいことがある。子育て、趣味、創作にも追い風が。

28 日　◗愛の日 ▶ メンテナンスの日　　　　　　　　　　　[ボイド] 〜02:24
「やりたいこと」から「やるべきこと」へのシフト。

29 月　メンテナンスの日
生活や心身の故障部分を修理できる。ケアしたり、されたり。

30 火　メンテナンスの日 ▶ 人に会う日　　　　　　　　　　[ボイド] 06:01〜06:29
「自分の世界」から「外界」へ出るような節目。

31 水　人に会う日
人に会ったり、会う約束をしたりする日。出会いの気配も。

8 ·AUGUST·

1 木 人に会う日 ▶ プレゼントの日 　　　　　　　　　[ボイド] 11:48〜12:21
他者との関係に、さらに一歩踏み込めるように。

2 金 プレゼントの日
人から貴重なものを受け取れる。提案を受ける場面も。

3 土 プレゼントの日 ▶ 旅の日 　　　　　　　　　　　[ボイド] 19:33〜20:11
遠い場所との間に、橋が架かり始める。

4 日 ●旅の日
遠出したり、遠くから人が訪ねてくれたりする日。発信力も増す。
☽「旅」のハウスで新月。旅に出発する。専門分野を開拓し始める。
矢文を放つ。

5 月 旅の日
遠出したり、遠くから人が訪ねてくれたりする日。発信力も増す。
◆金星が「目標と結果」のハウスへ。目標達成と勲章。気軽に掴め
るチャンス。嬉しい配役。◆水星が「目標と結果」のハウスで逆行開
始。仕事や対外的な活動における「見直し」期間へ。

6 火 旅の日 ▶ 達成の日 　　　　　　　　　　　　　[ボイド] 00:18〜06:18
意欲が湧く。はっきりした成果が出る時間へ。

7 水 達成の日
目標に手が届く。結果が出る日。人から認められる場面も。

8 木 達成の日 ▶ 友だちの日 　　　　　　　　　　　[ボイド] 17:42〜18:33
肩の力が抜け、伸びやかな気持ちになれる。

9 金 友だちの日
未来のプランを立てる。友だちと過ごせる。チームワーク。

10 土 友だちの日 　　　　　　　　　　　　　　　　[ボイド] 06:46〜
未来のプランを立てる。友だちと過ごせる。チームワーク。

11 日 友だちの日 ▶ ひみつの日 　　　　　　　　　　　[ボイド] 〜07:35
ざわめきから少し離れたくなる。自分の時間。

12 月 ひみつの日
一人の時間。過去を振り返り、戦略を練る。自分を大事にする。

13 火 ●ひみつの日 ▶ スタートの日 　　　　　　　　　[ボイド] 18:03〜19:02
新しいことを始めやすい時間に切り替わる。

14 水 スタートの日
主役の意識で動く。新しい選択肢を選べる。気持ちが切り替わる。

15 木 スタートの日
主役の意識で動く。新しい選択肢を選べる。気持ちが切り替わる。
◆逆行中の水星が「旅」のハウスへ。遠くから懐かしい音信が。遠い
場所を再訪する人も。

16 金 スタートの日 ▶ お金の日 　　　　　　　　　　　[ボイド] 01:54〜02:53
物質面・経済活動が活性化する時間に入る。

78

17 土
お金の日
いわゆる「金運がいい」日。実入りが良く、いい買い物もできそう。

18 日
お金の日 ▶ メッセージの日 [ボイド] 05:45〜06:46
「動き」が出てくる。コミュニケーションの活性。

19 月
メッセージの日
待っていた朗報が届く。勉強が捗る。外に出たくなる日。

20 火
○メッセージの日 ▶ 家の日 [ボイド] 03:27〜07:53
生活環境や身内に目が向かう。原点回帰。
☽「コミュニケーション」のハウスで満月。重ねてきた勉強や対話が実を結ぶとき。意思疎通が叶う。

21 水
家の日
「普段の生活」が充実。身内との関係強化。環境改善ができる。

22 木
家の日 ▶ 愛の日 [ボイド] 06:56〜08:03
愛の追い風が吹く。好きなことができる。
◆太陽が「目標と結果」のハウスへ。1年のサイクルの中で「目標と達成」を確認するとき。

23 金
愛の日 [ボイド] 21:46〜
愛について嬉しいことがある。子育て、趣味、創作にも追い風が。

24 土
愛の日 ▶ メンテナンスの日 [ボイド] 〜09:02
「やりたいこと」から「やるべきこと」へのシフト。

25 日
メンテナンスの日
生活や心身の故障部分を修理できる。ケアしたり、されたり。

26 月
◑メンテナンスの日 ▶ 人に会う日 [ボイド] 10:42〜12:06
「自分の世界」から「外界」へ出るような節目。

27 火
人に会う日
人に会ったり、会う約束をしたりする日。出会いの気配も。

28 水
人に会う日 ▶ プレゼントの日 [ボイド] 16:15〜17:49
他者との関係に、さらに一歩踏み込めるように。

29 木
プレゼントの日
人から貴重なものを受け取れる。提案を受ける場面も。
◆水星が「旅」のハウスで順行へ。旅程の混乱や情報の錯綜が正常化する。目的地が見える。◆金星が「夢と友」のハウスへ。友や仲間との交流が華やかに。「恵み」を受け取れる。

30 金
プレゼントの日
人から貴重なものを受け取れる。提案を受ける場面も。

31 土
プレゼントの日 ▶ 旅の日 [ボイド] 00:26〜02:11
遠い場所との間に、橋が架かり始める。

9 ·SEPTEMBER·

1 日 旅の日
遠出したり、遠くから人が訪ねてくれたりする日。発信力も増す。

2 月 旅の日 ▶ 達成の日　　　　　　　　　　　　[ボイド] 09:27～12:50
意欲が湧く。はっきりした成果が出る時間へ。
◆天王星が「任務」のハウスで逆行開始。義務や責任、日常生活への反感を振り下げる。◆逆行中の冥王星が「生産」のハウスへ。2008年頃からの経済活動の拡大を振り返る時間に入る。

3 火 ● 達成の日
目標に手が届く。結果が出る日。人から認められる場面も。
☽「目標と結果」のハウスで新月。新しいミッションがスタートするとき。目的意識が定まる。

4 水 達成の日
目標に手が届く。結果が出る日。人から認められる場面も。

5 木 達成の日 ▶ 友だちの日　　　　　　　　　　　[ボイド] 01:08～01:13
肩の力が抜け、伸びやかな気持ちになれる。
◆火星が「ギフト」のハウスへ。誘惑と情熱の呼応。生命の融合。精神的支配。配当。負債の解消。

6 金 友だちの日
未来のプランを立てる。友だちと過ごせる。チームワーク。

7 土 友だちの日 ▶ ひみつの日　　　　　　　　　　[ボイド] 14:10～14:20
ざわめきから少し離れたくなる。自分の時間。

8 日 ひみつの日
一人の時間。過去を振り返り、戦略を練る。自分を大事にする。

9 月 ひみつの日
一人の時間。過去を振り返り、戦略を練る。自分を大事にする。
◆再び水星が「目標と結果」のハウスへ。一時停止していたミッションにゴーサインが出る。

10 火 ひみつの日 ▶ スタートの日　　　　　　　　　[ボイド] 02:13～02:27
新しいことを始めやすい時間に切り替わる。

11 水 ● スタートの日
主役の意識で動く。新しい選択肢を選べる。気持ちが切り替わる。

12 木 スタートの日 ▶ お金の日　　　　　　　　　　[ボイド] 09:22～11:39
物質面・経済活動が活性化する時間に入る。

13 金 お金の日
いわゆる「金運がいい」日。実入りが良く、いい買い物もできそう。

14 土 お金の日 ▶ メッセージの日　　　　　　　　　[ボイド] 16:36～16:55
「動き」が出てくる。コミュニケーションの活性。

15 日 メッセージの日
待っていた朗報が届く。勉強が捗る。外に出たくなる日。

16	月	メッセージの日 ▶ 家の日	[ボイド] 14:06〜18:41

生活環境や身内に目が向かう。原点回帰。

17	火	家の日

「普段の生活」が充実。身内との関係強化。環境改善ができる。

18	水	○家の日	[ボイド] 18:04〜18:26

愛の追い風が吹く。好きなことができる。
☽「家」のハウスで月食。居場所や家族に関して、特別な変化が起こるかも。大切な節目。

19	木	愛の日

愛について嬉しいことがある。子育て、趣味、創作にも追い風が。

20	金	愛の日 ▶ メンテナンスの日	[ボイド] 17:40〜18:04

「やりたいこと」から「やるべきこと」へのシフト。

21	土	メンテナンスの日

生活や心身の故障部分を修理できる。ケアしたり、されたり。

22	日	メンテナンスの日 ▶ 人に会う日	[ボイド] 19:16〜19:26

「自分の世界」から「外界」へ出るような節目。
◆太陽が「夢と友」のハウスへ。1年のサイクルの中で「友」「未来」に目を向ける季節へ。

23	月	人に会う日

人に会ったり、会う約束をしたりする日。出会いの気配も。
◆金星が「ひみつ」のハウスへ。これ以降、純粋な愛情から行動できる。一人の時間の充実も。

24	火	人に会う日 ▶ プレゼントの日	[ボイド] 21:01〜23:52

他者との関係に、さらに一歩踏み込めるように。

25	水	◐プレゼントの日

人から貴重なものを受け取れる。提案を受ける場面も。

26	木	プレゼントの日

人から貴重なものを受け取れる。提案を受ける場面も。
◆水星が「夢と友」のハウスへ。仲間に恵まれる爽やかな季節。友と夢を語れる。新しい計画。

27	金	プレゼントの日 ▶ 旅の日	[ボイド] 07:14〜07:49

遠い場所との間に、橋が架かり始める。

28	土	旅の日

遠出したり、遠くから人が訪ねてくれたりする日。発信力も増す。

29	日	旅の日 ▶ 達成の日	[ボイド] 12:37〜18:43

意欲が湧く。はっきりした成果が出る時間へ。

30	月	達成の日

目標に手が届く。結果が出る日。人から認められる場面も。

10 ·OCTOBER·

1	火	達成の日 目標に手が届く。結果が出る日。人から認められる場面も。
2	水	達成の日 ▶ 友だちの日　　　　　　　　　　　　　[ボイド] 06:41〜07:21 肩の力が抜け、伸びやかな気持ちになれる。
3	木	●友だちの日 未来のプランを立てる。友だちと過ごせる。チームワーク。 ◗「夢と友」のハウスで日食。友や仲間との特別な出会いがあるか も。新しい夢を見つける。
4	金	友だちの日 ▶ ひみつの日　　　　　　　　　　　　[ボイド] 19:42〜20:24 ざわめきから少し離れたくなる。自分の時間。
5	土	ひみつの日 一人の時間。過去を振り返り、戦略を練る。自分を大事にする。
6	日	ひみつの日 一人の時間。過去を振り返り、戦略を練る。自分を大事にする。
7	月	ひみつの日 ▶ スタートの日　　　　　　　　　　　[ボイド] 07:54〜08:36 新しいことを始めやすい時間に切り替わる。
8	火	スタートの日 主役の意識で動く。新しい選択肢を選べる。気持ちが切り替わる。
9	水	スタートの日 ▶ お金の日　　　　　　　　　　　　[ボイド] 14:55〜18:40 物質面・経済活動が活性化する時間に入る。 ◆木星が「他者」のハウスで逆行開始。人との関わりを「成熟させ る」期間へ。温めて孵（かえ）るもの。
10	木	お金の日 いわゆる「金運がいい」日。実入りが良く、いい買い物もできそう。
11	金	◖お金の日 いわゆる「金運がいい」日。実入りが良く、いい買い物もできそう。
12	土	お金の日 ▶ メッセージの日　　　　　　　　　　　[ボイド] 00:55〜01:33 「動き」が出てくる。コミュニケーションの活性。 ◆冥王星が「生産」のハウスで順行へ。「欲」の地下水が井戸に適 度に湧き上がる。
13	日	メッセージの日　　　　　　　　　　　　　　　　　[ボイド] 23:12〜 待っていた朗報が届く。勉強が捗る。外に出たくなる日。
14	月	メッセージの日 ▶ 家の日　　　　　　　　　　　　[ボイド] 〜04:57 生活環境や身内に目が向かう。原点回帰。 ◆水星が「ひみつ」のハウスへ。思考が深まる。思索、瞑想、誰か のための勉強。記録の精査。
15	火	家の日 「普段の生活」が充実。身内との関係強化。環境改善ができる。

82

16 水
家の日 ▶ 愛の日 　　　　　　　　　　　　　　［ボイド］05:02〜05:36
愛の追い風が吹く。好きなことができる。

17 木
○愛の日
愛について嬉しいことがある。子育て、趣味、創作にも追い風が。
🌙「愛」のハウスで満月。愛が「満ちる」「実る」とき。クリエイティブな作品の完成。

18 金
愛の日 ▶ メンテナンスの日 　　　　　　　　　　　［ボイド］04:28〜05:01
「やりたいこと」から「やるべきこと」へのシフト。
◆金星が「自分」のハウスに。あなたの魅力が輝く季節の到来。愛に恵まれる楽しい日々へ。

19 土
メンテナンスの日
生活や心身の故障部分を修理できる。ケアしたり、されたり。

20 日
メンテナンスの日 ▶ 人に会う日 　　　　　　　　　［ボイド］04:35〜05:09
「自分の世界」から「外界」へ出るような節目。

21 月
人に会う日
人に会ったり、会う約束をしたりする日。出会いの気配も。

22 火
人に会う日 ▶ プレゼントの日 　　　　　　　　　　［ボイド］06:02〜07:51
他者との関係に、さらに一歩踏み込めるように。

23 水
プレゼントの日
人から貴重なものを受け取れる。提案を受ける場面も。
◆太陽が「ひみつ」のハウスへ。新しい1年を目前にしての、振り返りと準備の時期。

24 木
◑プレゼントの日 ▶ 旅の日 　　　　　　　　　　　［ボイド］13:49〜14:26
遠い場所との間に、橋が架かり始める。

25 金
旅の日
遠出したり、遠くから人が訪ねてくれたりする日。発信力も増す。

26 土
旅の日 　　　　　　　　　　　　　　　　　　　　［ボイド］17:05〜
遠出したり、遠くから人が訪ねてくれたりする日。発信力も増す。

27 日
旅の日 ▶ 達成の日 　　　　　　　　　　　　　　　［ボイド］〜00:49
意欲が湧く。はっきりした成果が出る時間へ。

28 月
達成の日
目標に手が届く。結果が出る日。人から認められる場面も。

29 火
達成の日 ▶ 友だちの日 　　　　　　　　　　　　　［ボイド］12:56〜13:31
肩の力が抜け、伸びやかな気持ちになれる。

30 水
友だちの日
未来のプランを立てる。友だちと過ごせる。チームワーク。

31 木
友だちの日
未来のプランを立てる。友だちと過ごせる。チームワーク。

11 • NOVEMBER •

1 金
● 友だちの日 ▶ ひみつの日　　　　　　　　　　　　[ボイド] 01:59〜02:31
ざわめきから少し離れたくなる。自分の時間。
🌙「ひみつ」のハウスで新月。密かな迷いから解放される。自他を救うための行動を起こす。

2 土
ひみつの日
一人の時間。過去を振り返り、戦略を練る。自分を大事にする。

3 日
ひみつの日 ▶ スタートの日　　　　　　　　　　　　[ボイド] 13:53〜14:21
新しいことを始めやすい時間に切り替わる。
◆水星が「自分」のハウスへ。知的活動が活性化。若々しい気持ち、行動力。発言力の強化。

4 月
スタートの日
主役の意識で動く。新しい選択肢を選べる。気持ちが切り替わる。
◆火星が「旅」のハウスへ。ここから「遠征」「挑戦の旅」に出発する人も。学びへの情熱。

5 火
スタートの日　　　　　　　　　　　　　　　　　　　[ボイド] 19:25〜
主役の意識で動く。新しい選択肢を選べる。気持ちが切り替わる。

6 水
スタートの日 ▶ お金の日　　　　　　　　　　　　　[ボイド] 〜00:19
物質面・経済活動が活性化する時間に入る。

7 木
お金の日
いわゆる「金運がいい」日。実入りが良く、いい買い物もできそう。

8 金
お金の日 ▶ メッセージの日　　　　　　　　　　　　[ボイド] 07:39〜07:59
「動き」が出てくる。コミュニケーションの活性。

9 土
● メッセージの日
待っていた朗報が届く。勉強が捗る。外に出たくなる日。

10 日
メッセージの日 ▶ 家の日　　　　　　　　　　　　　[ボイド] 09:25〜13:02
生活環境や身内に目が向かう。原点回帰。

11 月
家の日
「普段の生活」が充実。身内との関係強化。環境改善ができる。

12 火
家の日 ▶ 愛の日　　　　　　　　　　　　　　　　　[ボイド] 15:15〜15:27
愛の追い風が吹く。好きなことができる。
◆金星が「生産」のハウスへ。経済活動の活性化、上昇気流。物質的豊かさの開花。

13 水
愛の日
愛について嬉しいことがある。子育て、趣味、創作にも追い風が。

14 木
愛の日 ▶ メンテナンスの日　　　　　　　　　　　　[ボイド] 15:52〜16:01
「やりたいこと」から「やるべきこと」へのシフト。

15 金
メンテナンスの日
生活や心身の故障部分を修理できる。ケアしたり、されたり。
◆土星が「家」のハウスで順行へ。家族や居場所への責任を「背負い直す」とき。

16 土　○メンテナンスの日 ▶ 人に会う日　　　　　　　　　　［ボイド］16:04〜16:10
「自分の世界」から「外界」へ出るような節目。
☾「任務」のハウスで満月。日々の努力や蓄積が「実る」。自他の体調のケアに留意。

17 日　人に会う日
人に会ったり、会う約束をしたりする日。出会いの気配も。

18 月　人に会う日 ▶ プレゼントの日　　　　　　　　　　　　［ボイド］13:10〜17:51
他者との関係に、さらに一歩踏み込めるように。

19 火　プレゼントの日
人から貴重なものを受け取れる。提案を受ける場面も。

20 水　プレゼントの日 ▶ 旅の日　　　　　　　　　　　　　　［ボイド］20:22〜22:53
遠い場所との間に、橋が架かり始める。
◆冥王星が「コミュニケーション」のハウスへ。ここから2043年頃にかけ、限りなく深く学べる。

21 木　旅の日
遠出したり、遠くから人が訪ねてくれたりする日。発信力も増す。

22 金　旅の日　　　　　　　　　　　　　　　　　　　　　　　［ボイド］22:16〜
遠出したり、遠くから人が訪ねてくれたりする日。発信力も増す。
◆太陽が「自分」のハウスへ。お誕生月の始まり、新しい1年への「扉」を開くとき。

23 土　◐旅の日 ▶ 達成の日　　　　　　　　　　　　　　　　［ボイド］〜08:03
意欲が湧く。はっきりした成果が出る時間へ。

24 日　達成の日
目標に手が届く。結果が出る日。人から認められる場面も。

25 月　達成の日 ▶ 友だちの日　　　　　　　　　　　　　　　［ボイド］14:37〜20:21
肩の力が抜け、伸びやかな気持ちになれる。

26 火　友だちの日
未来のプランを立てる。友だちと過ごせる。チームワーク。
◆水星が「自分」のハウスで逆行開始。立ち止まって「自分」を理解し直す時間へ。

27 水　友だちの日　　　　　　　　　　　　　　　　　　　　　［ボイド］18:16〜
未来のプランを立てる。友だちと過ごせる。チームワーク。

28 木　友だちの日 ▶ ひみつの日　　　　　　　　　　　　　　［ボイド］〜09:22
ざわめきから少し離れたくなる。自分の時間。

29 金　ひみつの日
一人の時間。過去を振り返り、戦略を練る。自分を大事にする。

30 土　ひみつの日 ▶ スタートの日　　　　　　　　　　　　　［ボイド］15:21〜20:55
新しいことを始めやすい時間に切り替わる。

12 •DECEMBER•

1	日	●スタートの日 主役の意識で動く。新しい選択肢を選べる。気持ちが切り替わる。☽「自分」のハウスで新月。大切なことがスタートする節目。フレッシュな「切り替え」。
2	月	スタートの日 主役の意識で動く。新しい選択肢を選べる。気持ちが切り替わる。
3	火	スタートの日 ▶ お金の日　　　　　　　　　　　[ボイド] 00:49〜06:11 物質面・経済活動が活性化する時間に入る。
4	水	お金の日 いわゆる「金運がいい」日。実入りが良く、いい買い物もできそう。
5	木	お金の日 ▶ メッセージの日　　　　　　　　　　[ボイド] 08:36〜13:23 「動き」が出てくる。コミュニケーションの活性。
6	金	メッセージの日 待っていた朗報が届く。勉強が捗る。外に出たくなる日。
7	土	メッセージの日 ▶ 家の日　　　　　　　　　　　[ボイド] 09:03〜18:51 生活環境や身内に目が向かう。原点回帰。 ◆火星が「旅」のハウスで逆行開始。一度通った場所をもう一度辿り直す段階へ。◆金星が「コミュニケーション」のハウスへ。喜びある学び、対話、外出。言葉による優しさ、愛の伝達。
8	日	家の日 「普段の生活」が充実。身内との関係強化。環境改善ができる。 ◆海王星が「家」のハウスで順行へ。身近な人への思いが改まる。大切なことを伝える言葉。
9	月	◑家の日 ▶ 愛の日　　　　　　　　　　　　　　[ボイド] 17:46〜22:39 愛の追い風が吹く。好きなことができる。
10	火	愛の日 愛について嬉しいことがある。子育て、趣味、創作にも追い風が。
11	水	愛の日　　　　　　　　　　　　　　　　　　　[ボイド] 07:15〜 愛について嬉しいことがある。子育て、趣味、創作にも追い風が。
12	木	愛の日 ▶ メンテナンスの日　　　　　　　　　　[ボイド] 〜00:57 「やりたいこと」から「やるべきこと」へのシフト。
13	金	メンテナンスの日　　　　　　　　　　　　　　[ボイド] 21:41〜 生活や心身の故障部分を修理できる。ケアしたり、されたり。
14	土	メンテナンスの日 ▶ 人に会う日　　　　　　　　[ボイド] 〜02:23 「自分の世界」から「外界」へ出るような節目。
15	日	○人に会う日　　　　　　　　　　　　　　　　[ボイド] 23:33〜 人に会ったり、会う約束をしたりする日。出会いの気配も。☽「他者」のハウスで満月。誰かとの一対一の関係が「満ちる」。交渉の成立、契約。

16	月	人に会う日 ▶ プレゼントの日 [ボイド] 〜04:23
		他者との関係に、さらに一歩踏み込めるように。
		◆水星が「自分」のハウスで順行へ。不調や停滞感からの解放、始動。考えがまとまる。

17	火	プレゼントの日
		人から貴重なものを受け取れる。提案を受ける場面も。

18	水	プレゼントの日 ▶ 旅の日 [ボイド] 03:35〜08:41
		遠い場所との間に、橋が架かり始める。

19	木	旅の日
		遠出したり、遠くから人が訪ねてくれたりする日。発信力も増す。

20	金	旅の日 ▶ 達成の日 [ボイド] 14:21〜16:39
		意欲が湧く。はっきりした成果が出る時間へ。

21	土	達成の日
		目標に手が届く。結果が出る日。人から認められる場面も。
		◆太陽が「生産」のハウスへ。1年のサイクルの中で「物質的・経済的土台」を整備する。

22	日	達成の日 [ボイド] 22:29〜
		目標に手が届く。結果が出る日。人から認められる場面も。

23	月	●達成の日 ▶ 友だちの日 [ボイド] 〜04:09
		肩の力が抜け、伸びやかな気持ちになれる。

24	火	友だちの日 [ボイド] 19:46〜
		未来のプランを立てる。友だちと過ごせる。チームワーク。

25	水	友だちの日 ▶ ひみつの日 [ボイド] 〜17:08
		ざわめきから少し離れたくなる。自分の時間。

26	木	ひみつの日
		一人の時間。過去を振り返り、戦略を練る。自分を大事にする。

27	金	ひみつの日 [ボイド] 23:26〜
		一人の時間。過去を振り返り、戦略を練る。自分を大事にする。

28	土	ひみつの日 ▶ スタートの日 [ボイド] 〜04:48
		新しいことを始めやすい時間に切り替わる。

29	日	スタートの日
		主役の意識で動く。新しい選択肢を選べる。気持ちが切り替わる。

30	月	スタートの日 ▶ お金の日 [ボイド] 08:36〜13:39
		物質面・経済活動が活性化する時間に入る。

31	火	●お金の日
		いわゆる「金運がいい」日。実入りが良く、いい買い物もできそう。
		☽「生産」のハウスで新月。新しい経済活動をスタートさせる。新しいものを手に入れる。

参考　カレンダー解説の文字・線の色

あなたの星座にとって星の動きがどんな意味を
持つか、わかりやすくカレンダーに書き込んで
みたのが、P.89からの「カレンダー解説」です。
色分けは厳密なものではありませんが、だいた
い以下のようなイメージで分けられています。

―――　赤色
インパクトの強い出来事、意欲や情熱、
パワーが必要な場面。

―――　水色
ビジネスや勉強、コミュニケーションなど、
知的な活動に関すること。

―――　紺色
重要なこと、長期的に大きな意味のある変化。
精神的な変化、健康や心のケアに関すること。

―――　緑色
居場所、家族に関すること。

―――　ピンク色
愛や人間関係に関すること。嬉しいこと。

―――　オレンジ色
経済活動、お金に関すること。

射手座 2024年の
カレンダー解説

● 解説の文字・線の色のイメージは P.88 をご参照下さい ●

1 ·JANUARY·

mon	tue	wed	thu	fri	sat	sun
1	2	3	④	5	6	7
8	9	10	11	12	13	14
15	16	17	18	19	20	㉑
22	23	24	25	26	27	28
29	30	31				

2023/12/30–1/23 キラキラ輝くような、楽しい時間。熱く生きられる。愛にも強い光が射し込む。より魅力的に「変身」する人も。

1/4–2/17 熱い経済活動の時間。精力的に稼ぎ、欲しいものを手に入れられる。お金が大きく動く時。長い間手に入れようと頑張ってきたものが、ここでやっと手に入るかも。

1/21 時間をかけたコミュニケーションが始まる。「放浪の旅」に出る人も。

2 ·FEBRUARY·

mon	tue	wed	thu	fri	sat	sun
			1	2	3	4
5	6	7	8	9	⑩	11
12	13	14	15	16	17	18
19	20	21	22	23	㉔	25
26	27	28	29			

2/10 特別な朗報が飛び込んでくるかも。新しい対話のチャネルが生まれる。ゴーサインが出る。

2/17–3/12 コミュニケーションの輪が広がる。活き活きと動ける時。身近な人と深く話し合える。これまでにないような深い話題に足を踏み入れる。

2/24 大きな目標を達成できる。仕事や対外的な活動で大きな成果を挙げられる。

3 ·MARCH·

mon	tue	wed	thu	fri	sat	sun
				1	2	3
4	5	6	7	8	9	(10)
11	12	13	14	15	16	17
18	19	20	21	22	23	24
(25)	26	27	28	29	30	31

4 ·APRIL·

mon	tue	wed	thu	fri	sat	sun
1	2	3	4	5	6	7
8	(9)	10	11	12	13	14
15	16	17	18	19	20	21
22	23	24	25	26	27	28
(29)	30					

3/10 居場所に新しい風が吹き込む。家族や身近な人との関係が刷新される。家の中に新しいものが入る。

3/23-4/5 居場所が「動く」時。身近な人のためにたっぷり時間を使える。家の中を大改造する人も。

3/25 特別な星の時間。ずっと頑張ってきたことが認められる。迷走してきたことが着地する。意外な出会いがある。縁が結ばれる。

4/2-4/29 愛について「取り戻せる」「蘇る」ものがある。クリエイティブな活動において「立ち止まって振り返る」作業が発生する。

4/9 「愛のミラクル」の時。恋に落ちる人もいれば、何か夢中になれるものに出会う人も。クリエイティブな活動において、大チャンスが巡ってくる。

4/29-5/24 ゆたかな多忙期。素敵な依頼がある。ニーズが集まる。または逆に、自分自身がサポートやケアを受けることになるかも。心身のコンディションがどんどん良くなる。

5 ·MAY·

mon	tue	wed	thu	fri	sat	sun
		1	2	3	4	5
6	7	8	9	10	11	12
13	14	15	16	17	18	19
20	21	22	23	24	25	(26)
27	28	29	30	31		

6 ·JUNE·

mon	tue	wed	thu	fri	sat	sun
					1	2
3	4	5	(6)	7	8	(9)
10	11	12	13	14	15	16
17	18	19	20	21	(22)	23
24	25	26	27	28	29	30

5/1–6/17 素晴らしい「愛と情熱の季節」。恋愛には最強の追い風が吹き続ける。クリエイティブな活動にも素晴らしいチャンスが巡ってくる。特に5/26–6/9は「パートナーシップの年」の、最大の山場。

5/26–2025/6/10 「人間関係とパートナーシップの季節」に入る。運命を変えるような出会いがあるかも。

6/6 素敵な出会いの時。パートナーとの関係に新鮮な風が流れ込む。対話や交渉が始まる。

6/9–7/21 ぐっと調子が良くなる。動きやすくなり、暮らしやすくなりそう。持ち前のエネルギーを自然に打ち出せるようになる。パワーアップする。突然転職する人も。

6/22 経済的に「実り」がある時。努力が実を結び、価値あるものを収穫できる。素敵なものが手に入る。これが「第一弾」で、7/21に「第二弾」がある。

7 ·JULY·

mon	tue	wed	thu	fri	sat	sun
1	②	3	4	5	6	7
8	9	10	11	12	13	14
15	16	17	18	19	20	㉑
22	23	24	25	26	27	28
29	30	31				

7/2-9/9 旅の季節。かなり遠くまで出かけていくことになりそう。精力的に学んで、大きな成果を挙げる人も。

7/21 経済的に大きな収穫がありそう。6/22に起こったことの「続き」のような展開。お金やモノについて、嬉しいことが起こる時。

7/21-9/5 大スケールの人間ドラマが展開する。人との関わりに特別な熱がこもる。刺激的な人物との出会い。非常に重要な交渉や「対決」に臨む人も。人生を変えるような真剣勝負の時。

8 ·AUGUST·

mon	tue	wed	thu	fri	sat	sun
			1	2	3	4
5	6	7	8	9	10	11
12	13	14	15	16	17	18
19	⑳	21	22	23	24	25
26	27	28	29	30	31	

8/15-8/29 遠くから懐かしい人が訪ねてくるかも。または、自分から故郷に帰ったり、特別な場所を再訪したりすることになるかも。距離を越え、過去に戻れる。

8/20 特別なメッセージが届く。伝えてきたことが「伝わった」とわかる。勉強の成果が出る。行きたかった場所に行けるようになる。

9 • SEPTEMBER •

mon	tue	wed	thu	fri	sat	sun
						1
2	③	4	5	6	7	8
9	10	11	12	13	14	15
16	17	⑱	19	20	21	22
23	24	25	26	27	28	29
30						

9/3 新しいミッションが始まる。とてもフレッシュなタイミング。新しい目標を掲げ、行動を起こす人も。

9/9-9/26 爽やかな多忙期。実力をのびのびと発揮できる。周囲からの信頼、評価が高まる。

9/18 居場所や家族に関して、日々の努力が報われるような出来事が起こる。家の中で意外な変化が起こる気配も。

10 • OCTOBER •

mon	tue	wed	thu	fri	sat	sun
	1	2	③	4	5	6
7	8	9	10	11	12	13
14	15	16	⑰	18	19	20
21	22	23	24	25	26	27
28	29	30	31			

10/3 驚きを伴うような、嬉しい出来事が起こる。ぱっと希望の光が射し込むような出来事。親友との出会い、旧友との再会の気配も。

10/17 「愛が満ちる・実る」時。クリエイティブな活動において、大きな成果を挙げる人も。

10/18-11/12 キラキラ輝くような、楽しい時間。愛にも強い光が射し込む。より魅力的に「変身」する人も。

11 ・NOVEMBER・

mon	tue	wed	thu	fri	sat	sun
				1	2	3
4	5	6	7	8	9	10
11	12	13	14	15	16	17
18	19	20	21	22	23	24
25	26	27	28	29	30	

12 ・DECEMBER・

mon	tue	wed	thu	fri	sat	sun
						1
2	3	4	5	6	7	8
9	10	11	12	13	14	15
16	17	18	19	20	21	22
23	24	25	26	27	28	29
30	31					

11/4–2025/1/6　熱い「冒険と学びの時間」。熱い「師」に出会う人も。コミュニケーションにも熱がこもる。

11/12–12/7　「金運がいい」時。経済活動が盛り上がる。収入が増える人、大きな買い物をする人も。

11/20　ここから2043年にかけて、壮大な旅の時間となる。いろいろな場所に呼び寄せられるように移動し、最終的に「ここだ！」と思える約束の場所に辿り着ける。

11/26–12/16　再会・再訪・原点回帰の時。立ち止まって振り返る場面が増える。混乱や停滞は、時間が解決してくれる。ゆっくりじっくり。

12/1　特別なスタートライン。新しいことを始められる。目新しいことが起こる。素敵な節目。

12/15　人間関係が非常にゆたかになる。特別な愛の関係が結ばれる。パートナーシップや恋愛にも、強い追い風が吹く。

2024年のプチ占い（天秤座〜魚座）

天秤座（9/24-10/23生まれ）

出会いとギフトの年。自分では決して出会えないようなものを、色々な人から手渡される。チャンスを作ってもらえたり、素敵な人と繋げてもらえたりするかも。年の後半は大冒険と学びの時間に入る。

蠍座（10/24-11/22生まれ）

パートナーシップと人間関係の年。普段関わるメンバーが一変したり、他者との関わり方が大きく変わったりする。人と会う機会が増える。素晴らしい出会いに恵まれる。人から受け取るものが多い年。

射手座（11/23-12/21生まれ）

働き方や暮らし方を大きく変えることになるかも。健康上の問題を抱えていた人は、心身のコンディションが好転する可能性が。年の半ば以降は、出会いと関わりの時間に入る。パートナーを得る人も。

山羊座（12/22-1/20生まれ）

2008年頃からの「魔法」が解けるかも。執着やこだわり、妄念から解き放たれる。深い心の自由を得られる。年の前半は素晴らしい愛と創造の季節。楽しいことが目白押し。後半は新たな役割を得る人も。

水瓶座（1/21-2/19生まれ）

野心に火がつく。どうしても成し遂げたいことに出会えるかも。自分を縛ってきた鎖を粉砕するような試みができる。年の前半は新たな居場所を見つけられるかも。後半はキラキラの愛と創造の時間へ。

魚座（2/20-3/20生まれ）

コツコツ続けてきたことが、だんだんと形になる。理解者に恵まれ、あちこちから意外な助け船を出してもらえる年。年の半ばから約1年の中で、新しい家族が増えたり、新たな住処を見つけたりできる。

（※牡羊座〜乙女座はP.30）

星のサイクル
海王星

❀ 海王星のサイクル

　現在魚座に滞在中の海王星は、2025年3月に牡羊座へと移動を開始し、2026年1月に移動を完了します。つまり今、私たちは2012年頃からの「魚座海王星時代」を後にし、新しい「牡羊座海王星時代」を目前にしているのです。海王星のサイクルは約165年ですから、一つの星座の海王星を体験できるのはいずれも、一生に一度です。海王星は幻想、理想、夢、無意識、音楽、映像、海、オイル、匂いなど、目に見えないもの、手で触れないものに関係の深い星です。現実と理想、事実と想像、生と死を、私たちは生活の中で厳密に分けていますが、たとえば詩や映画、音楽などの世界では、その境界線は極めて曖昧になります。さらに、日々の生活の中でもごくマレに、両者の境界線が消える瞬間があります。その時私たちは、人生の非常に重要な、ある意味危険な転機を迎えます。「精神のイニシエーション」をしばしば、私たちは海王星とともに過ごすのです。以下、来年からの新しい「牡羊座海王星時代」を、少し先取りして考えてみたいと思います。

◆○○○◆○○○◆○○○◆○○○◆○○○◆○○○◆○○○◆○○○◆○○○◆○○○

海王星のサイクル年表（詳しくは次のページへ）

時　期	射手座のあなたにとってのテーマ
1928年 - 1943年	人生の、真の精神的目的
1942年 - 1957年	できるだけ美しい夢を描く
1955年 - 1970年	大スケールの「救い」のプロセス
1970年 - 1984年	コントロール不能な、精神的成長の過程
1984年 - 1998年	魂とお金の関係
1998年 - 2012年	価値観、世界観の精神的アップデート
2011年 - 2026年	居場所、水、清らかな感情
2025年 - 2039年	愛の救い、愛の夢
2038年 - 2052年	心の生活、セルフケアの重要性
2051年 - 2066年	「他者との関わり」という救い
2065年 - 2079年	経済活動が「大きく回る」時
2078年 - 2093年	精神の学び

※時期について／海王星は順行・逆行を繰り返すため、星座の境界線を
何度か往復してから移動を完了する。上記の表で、開始時は最初の移動の
タイミング、終了時は移動完了のタイミング。

◆○○○◆○○○◆○○○◆○○○◆○○○◆○○○◆○○○◆○○○◆○○○◆○○○

◆ 1928-1943年　人生の、真の精神的目的

仕事で大成功して「これはお金のためにやったのではない」と言う人がいます。「では、なんのためなのか」は、その人の精神に、答えがあります。この時期、あなたは自分の人生において真に目指せるものに出会うでしょう。あるいは、多くの人から賞賛されるような「名誉」を手にする人もいるはずです。

◆ 1942-1957年　できるだけ美しい夢を描く

人生で一番美しく、大きく、素敵な夢を描ける時です。その夢が実現するかどうかより、できるだけ素晴らしい夢を描くということ自体が重要です。夢を見たことがある人と、そうでない人では、人生観も大きく異なるからです。大きな夢を描き、希望を抱くことで、人生で最も大切な何かを手に入れられます。

◆ 1955-1970年　大スケールの「救い」のプロセス

あなたにとって「究極の望み」「一番最後の望み」があるとしたら、どんな望みでしょうか。「一つだけ願いを叶えてあげるよ」と言われたら、何を望むか。この命題に、新しい答えを見つけられます。「一つだけ叶う願い」は、あなたの心の救いとなり、さらに、あなたの大切な人を救う原動力ともなります。

◆ 1970-1984年　コントロール不能な、精神的成長の過程

「自分」が靄に包まれたように見えなくなり、アイデンティティを見失うことがあるかもしれません。意識的なコントロールや努力を離れたところで、人生の神髄に触れ、精神的な成長が深まります。この時期を終える頃、決して衰えることも傷つくこともない、素晴らしい人間的魅力が備わります。

◆ **1984 - 1998年　魂とお金の関係**

経済活動は「計算」が基本です。ですがこの時期は不思議と「計算が合わない」傾向があります。世の経済活動の多くは、実際には「割り切れないこと」だらけです。こうした「1＋1＝2」にならない経済活動の秘密を見つめるための「心の力」が成長する時期です。魂とお金の関係の再構築が進みます。

◆ **1998 - 2012年　価値観、世界観の精神的アップデート**

誰もが自分のイマジネーションの世界を生きています。どんなに「目の前の現実」を生きているつもりでも、自分自身の思い込み、すなわち「世界観」の外には、出られないのです。そうした「世界観」の柱となるのが、価値観や思想です。そうした世界観、枠組みに、大スケールのアップデートが起こります。

◆ **2011 - 2026年　居場所、水、清らかな感情**

心の風景と実際の生活の場の風景を、時間をかけて「洗い上げる」ような時間です。家族や「身内」と呼べる人たちとの深い心の交流が生まれます。居場所や家族との関係の変容がそのまま、精神的成長に繋がります。物理的な居場所のメンテナンスが必要になる場合も。特に水回りの整備が重要な時です。

◆ **2025 - 2039年　愛の救い、愛の夢**

感受性がゆたかさを増し、才能と個性が外界に向かって大きく開かれて、素晴らしい創造性を発揮できる時です。人の心を揺さぶるもの、人を救うものなどを、あなたの活動によって生み出せます。誰もが心の中になんらかの痛みや傷を抱いていますが、そうした傷を愛の体験を通して「癒し合える」時です。

◆ 2038-2052年　心の生活、セルフケアの重要性

できる限りワガママに「自分にとっての、真に理想と言える生活のしかた」を作ってゆく必要があります。自分の精神や「魂」が心底求めている暮らし方を、時間をかけて創造できます。もっともらしい精神論に惑わされて自分を見失わないで。他者にするのと同じくらい、自分自身をケアしたい時です。

◆ 2051-2066年　「他者との関わり」という救い

人から精神的な影響を受ける時期です。一対一での他者との関わりの中で、自分の考え方や価値観の独特な癖に気づかされ、さらに「救い」を得られます。相手が特に「救おう」というつもりがなくとも、その関係の深まり自体が救いとなるのです。人生を変えるような、大きな心の結びつきを紡ぐ時間です。

◆ 2065-2079年　経済活動が「大きく回る」時

「人のために、自分の持つ力を用いる」という意識を持つことと、「自分ではどうにもできないこと」をありのままに受け止めること。この二つのスタンスが、あなたを取り巻く経済活動を大きく活性化させます。無欲になればなるほど豊かさが増し、生活の流れが良くなるのです。性愛の夢を生きる人も。

◆ 2078-2093年　精神の学び

ここでの学びの目的は単に知識を得ることではなく、学びを通した精神的成長です。学びのプロセスは言わば「手段」です。「そんなことを学んで、なんの役に立つの？」と聞かれ、うまく答えられないようなことこそが、この時期真に学ぶべきテーマだからです。学びを通して、救いを得る人もいるはずです。

◆○○◆○●○◆○○◆○○●○◆○○◆○○●○◆○○◆○○●○◆○○◆○○●○◆○○◆○○

〜先取り！ 2025年からのあなたの「海王星時代」〜
愛の救い、愛の夢

　芸術の女神、美の女神、詩の女神が、この時期のあなたのもとに降りてきます。感受性がゆたかさを増し、才能と個性が外界に向かって大きく開かれて、素晴らしい創造性を発揮できるでしょう。人の心を揺さぶるもの、人を内側から動かすもの、人を救うものなどを、あなたの活動によって生み出し、あるいは実現できるのです。愛は限りなく優しいものになります。誰もが心の中になんらかの痛みや傷を抱いていますが、そうした傷を愛の体験をもとに癒し合えます。もし人間が寂しさや辛さ、コンプレックス、悲しい思い出などを持たなければ、愛など必要ありません。この時期の愛は、乾いた大地に降る雨のように、心の中の本当に必要な場所に降り注ぎます。ただし、この時期「悲恋」のイメージに囚われてしまうと、幸福な愛を求める意志がゆがめられる危険もあります。愛の世界においても、人として生きる上での理想、気高い心を追求していく必要があるのです。想像力は人を救う力ですが、同時に、人を溺れさせるリスクを伴います。水辺で水を

◆○○◆○●○◆○○◆○○●○◆○○◆○○●○◆○○◆○○●○◆○○◆○○●○◆○○◆○○

飲むうちに溺れてしまうことのないよう、気をつけなければなりません。この時期、あなたが悩んでいるなら、それは愛にまつわる幻想が原因なのかもしれません。愛する人の抱える問題に寄り添い、弱さを受け入れることは、素晴らしい愛の行為です。でも、その「愛の行為」に不思議な影が落ちてしまう場合があります。愛の対象に、自分の内なる幻影を投影してしまうという落とし穴は、ごく一般的です。一方、愛によって「救いを得る」人もいます。この場合も、人間の弱さや悲しみに目を向けることが必要となるでしょう。たとえば、夜寝ている間に見ている夢と、現実を生きているという感覚とを区別することは、人類にはまだ、できないのです。この時期のあなたが愛しているもの、創造していくもの、育てつつあるものが、「ほんもの」なのか。その疑念さえ抱き続けていられれば、きっといつか、本当のことがわかります。一方「自分が正しい、まちがっていない」と自分で自分を説得しようとしている自分がいるなら、警戒すべきです。あくまで問いの中で愛し、創り、育てているならば、それはおそらく、回り道であっても、正しい道なのです。

12星座プロフィール

射手座のプロフィール
冒険の星座

> **キャラクター**

◈ 冒険と挑戦の星座

　射手座は「冒険」の星座です。冒険とは「危険を冒す」と書きます。この世界は危険で溢れていて、人間の歴史は人間と自然の闘い、人間と人間の戦いの歴史と言えるかもしれません。人類は自分たちを脅かすものがいるかもしれない「外の世界」へと、常にリスクを負って歩を進め、未開拓な自然界を「人間の住む世界」へと変えてきました。人間の心の中には、安全の中に住んでいたいという思いと、未知の世界を知りたいという思いの両方がせめぎ合っていますが、こと射手座の世界では、後者が断然優位なのです。

◈ 旅の目的

　知っている道は歩きたくない、目的地のわかっている旅はしたくない、といった思いが、射手座の人の心には常に満ちています。世の中には、旅に出るときには細かく行き先と旅程を決めて、予めできるだけ多くの情報を取得しておく、という人もたくさんいますが、射手座の人にとって

は、そんな旅は「するだけ無駄」と思えるかもしれません。「何が待っているかわからないからこそ、出かけていく」のが射手座の旅なのです。ゆえに、射手座の人々は驚くほど遠くまで旅に出ます。帰り道のことはあまり気にしていないようです。

◆ 熱狂の星座

　射手座の人々は熱い魂を持っていて、情熱に突き動かされるようにして行動します。ですが、その魂に「火がつかない」状態のときは、至って暢気（のんき）で、怠惰と言えるほどののんびりぶりを発揮します。つまり、せっかちなほど動き回るときと、じっと動かないときとのメリハリが非常に激しいのです。いわゆる「お祭り屋」のように、イベントがあるときだけは精力的に働くけれど、気が乗らないことは一切やらない、という、ある意味正直な人々と言えます。

　射手座の人々は非常に誇り高く、人の後についていくことを好みません。目上の人とも対等に接し、自説を曲げることはありません。人の意見に縛られない、ということは、決して「人の意見を聞かない」ということではありません。射手座の人々はむしろ、人と議論し合うことを好みます。議論の中で、自分が何ものからも自由であることを確かめ、大きく飛躍しようとするのです。

チームワークを統御することが得意な傾向がありますが、決して「みんな一緒に」行動することが好きなわけではありません。射手座の人が好むチームワークは、互いに一匹狼のような存在を寄せ集めて、うまくその力を結びつけて動かす、といった体のものです。いわゆる「仲良しクラブ」ではなく、ヒリヒリするような緊張感や競争があるチームのほうが、射手座の人は「燃える」傾向があります。つまり、チームであっても「自由」であることを、自他に求めるのです。

◆ 普遍性と哲学の星座
　射手座の人々が「未知の世界」への冒険を好むのは、ある一つの信念がその心を貫いているからであるようです。その信念とは、「この世には普遍的な真理がある」という信念です。たとえば、私たちの生きる世界にはたくさんの文化や言語があり、少しでも違う文化圏に行くと、想像もつかない価値観や世界観に触れることになります。言葉がわからなければ意思の疎通は困難ですし、ちょっとした誤解から深刻な諍いが発生することも珍しくありません。そうした「分断された世界」であっても、人間の心や善悪は、根っこのところで一つの真理に守られており、最終的には必ず、わかり合えるはずだ、というのが、射手座の信念なの

です。この信念は「楽観」と称されることもありますが、それほど軽々しいものではありません。射手座の人は気分屋で飽きっぽいと言われるのですが、その一方で、人間の心に対する一つの忠誠のようなものをかたく守っています。人の愛や、理解力や包容力、内なる精神的な気高さといったものを、射手座の人は深く信仰しており、その信仰に基づいて、どこまでも遠く旅をしながらも、懐かしい人々を忘れることはないのです。

支配星・神話

◆ 木星

　射手座を支配する星は、木星です。ジュピター、ギリシャ神話ではゼウスは、神々の中でも最も偉大な神です。また、ゼウスは「雷の神様」でもあります。

　最高位の神に支配されたこの星座は、最も高貴な精神と、高い知性を授けられています。

◆ 射手座の神話

　射手座は、ケンタウルス族のケイローンをかたどった星座です。ケイローンは優れた医者であり、英雄たちを育てた教師でもあります。彼は太陽の神アポロンから音楽や医学を、月の女神アルテミスから狩りを学びました。

あるとき、勇者ヘラクレスの放った毒矢が、過ってケイローンの膝に当たりました。ケイローンは毒に苦しみましたが、永遠の命を持っているため、死ねませんでした。毒の苦しみに耐えかねた彼は、大神ゼウスに、自分の不死をプロメテウスに譲り、死なせてくれるようにと願いました。願いは聞き入れられ、ケイローンは安らかな死の眠りについたのです。

射手座の才能

　「リスクテイカー」という言葉がしばしば用いられます。リスクをとって勝負することが上手なのです。世の中では「ノーリスク」のことはほとんどありません。ゆえに、あなたのそのリスクを見極める才能と、リスクをとる勇敢な判断力が、どんな場でも必要とされるはずなのです。積極的な行動力、軽いフットワーク、広い視野を備えていて、細かいことにこだわりません。恬淡（てんたん）とした明るさ、過去を引きずらない柔軟さは、周囲の人の心をも軽く、動きやすくします。チャレンジが必要な分野ではいつも、無二の存在となれる人です。

牡羊座 はじまりの星座 I am.

素敵なところ

裏表がなく純粋で、自他を比較しません。明るく前向きで、正義感が強く、諍いのあともさっぱりしています。欲しいものを欲しいと言える勇気、自己主張する勇気、誤りを認める勇気の持ち主です。

キーワード

勢い／勝負／果断／負けず嫌い／せっかち／能動的／スポーツ／ヒーロー・ヒロイン／華やかさ／アウトドア／草原／野生／丘陵／動物愛／議論好き／肯定的／帽子・頭部を飾るもの／スピード／赤

 牡牛座 五感の星座 I have.

素敵なところ

感情が安定していて、態度に一貫性があります。知識や経験をたゆまずゆっくり、たくさん身につけます。穏やかでも不思議な存在感があり、周囲の人を安心させます。美意識が際立っています。

キーワード

感覚／色彩／快さ／リズム／マイペース／芸術／暢気(のんき)／贅沢／コレクション／一貫性／素直さと頑固さ／価値あるもの／美声・歌／料理／庭造り／変化を嫌う／積み重ね／エレガント／レモン色／白

 双子座 知と言葉の星座 I think.

素敵なところ

イマジネーション能力が高く、言葉と物語を愛するユニークな人々です。フットワークが良く、センサーが敏感で、いくつになっても若々しく見えます。場の空気・状況を変える力を持っています。

キーワード

言葉／コミュニケーション／取引・ビジネス／相対性／比較／関連づけ／物語／比喩／移動／旅／ジャーナリズム／靴／天使・翼／小鳥／桜色／桃色／空色／文庫本／文房具／手紙

蟹座 感情の星座   I feel.

素敵なところ

心優しく、共感力が強く、人の世話をするときに手間を惜しみません。行動力に富み、人にあまり相談せずに大胆なアクションを起こすことがありますが、「聞けばちゃんと応えてくれる」人々です。

キーワード

感情／変化／月／守護・保護／日常生活／行動力／共感／安心／繰り返すこと／拒否／生活力／フルーツ／アーモンド／巣穴／胸部、乳房／乳白色／銀色／真珠

 獅子座 意思の星座   I will.

素敵なところ

太陽のように肯定的で、安定感があります。深い自信を持っており、側にいる人を安心させることができます。人を顔かせる力、一目置かせる力、パワー感を持っています。内面には非常に繊細な部分も。

キーワード

強さ／クールさ／肯定的／安定感／ゴールド／背中／自己表現／演技／芸術／暖炉／広場／人の集まる賑やかな場所／劇場・舞台／お城／愛／子供／緋色／パープル／緑

 乙女座 分析の星座   I analyze.

素敵なところ

一見クールに見えるのですが、とても優しく世話好きな人々です。他者に対する観察眼が鋭く、シャープな批評を口にしますが、その相手の変化や成長を心から喜べる、「教育者」の顔を持っています。

キーワード

感受性の鋭さ／「気が利く」人／世話好き／働き者／デザイン／コンサバティブ／胃腸／神経質／分析／調合／変化／回復の早さ／迷いやすさ／研究家／清潔／ブルーブラック／空色／桃色

天秤座　関わりの星座

I balance.

素敵なところ

高い知性に恵まれると同時に、人に対する深い愛を抱いています。視野が広く、客観性を重視し、細やかな気遣いができます。内側には熱い情熱を秘めていて、個性的なこだわりや競争心が強い面も。

キーワード

人間関係／客観視／合理性／比較対象／美／吟味／審美眼／評価／選択／平和／交渉／結婚／諍（いさか）い／調停／パートナーシップ／契約／洗練／豪奢／黒／芥子色（からし）／深紅色／水色／薄い緑色／ベージュ

蠍座　情熱の星座

I desire.

素敵なところ

意志が強く、感情に一貫性があり、愛情深い人々です。一度愛したものはずっと長く愛し続けることができます。信頼に足る、芯の強さを持つ人です。粘り強く努力し、不可能を可能に変えます。

キーワード

融け合う心／継承／遺伝／魅力／支配／提供／共有／非常に古い記憶／放出／流動／隠されたもの／湖沼／果樹園／庭／葡萄酒／琥珀／茶色／濃い赤／カギつきの箱／ギフト

射手座　冒険の星座

I understand.

素敵なところ

冒険心に富む、オープンマインドの人々です。自他に対してごく肯定的で、恐れを知らぬ勇気と明るさで周囲を照らし出します。自分の信じるものに向かってまっすぐに生きる強さを持っています。

キーワード

冒険／挑戦／賭け／負けず嫌い／馬や牛など大きな動物／遠い外国／語学／宗教／理想／哲学／おおらかさ／自由／普遍性／スピードの出る乗り物／船／黄色／緑色／ターコイズブルー／グレー

山羊座　実現の星座　　　　　　　　　　I use.

素敵なところ

夢を現実に変えることのできる人々です。自分個人の世界だけに収まる小さな夢ではなく、世の中を変えるような、大きな夢を叶えることができる力を持っています。優しく力強く、芸術的な人です。

キーワード

城を築く／行動力／実現／責任感／守備／権力／支配者／組織／芸術／伝統／骨董品／彫刻／寺院／華やかな色彩／ゴージャス／大きな楽器／黒／焦げ茶色／薄い茜色／深緑

 水瓶座　思考と自由の星座　　　　　　I know.

素敵なところ

自分の頭でゼロから考えようとする、澄んだ思考の持ち主です。友情に篤く、損得抜きで人と関わろうとする、静かな情熱を秘めています。ユニークなアイデアを実行に移すときは無二の輝きを放ちます。

キーワード

自由／友情／公平・平等／時代の流れ／流行／メカニズム／合理性／ユニセックス／神秘的／宇宙／飛行機／通信技術／電気／メタリック／スカイブルー／チェック、ストライプ

 魚座　透明な心の星座　　　　　　　　I believe.

素敵なところ

人と人とを分ける境界線を、自由自在に越えていく不思議な力の持ち主です。人の心にするりと入り込み、相手を支え慰めることができきます。場や世界を包み込むような大きな心を持っています。

キーワード

変容／変身／愛／海／救済／犠牲／崇高／聖なるもの／無制限／変幻自在／天衣無縫／幻想／瞑想／蠱惑／エキゾチック／ミステリアス／シースルー／黎明／白／ターコイズブルー／マリンブルー

用語解説

　星占いで用いる星々のうち、太陽と月以外の惑星と冥王星は、しばしば「逆行」します。これは、星が実際に軌道を逆走するのではなく、あくまで「地球からそう見える」ということです。

　たとえば同じ方向に向かう特急電車が普通電車を追い抜くとき、相手が後退しているように見えます。「星の逆行」は、この現象に似ています。地球も他の惑星と同様、太陽のまわりをぐるぐる回っています。ゆえに一方がもう一方を追い抜くとき、あるいは太陽の向こう側に回ったときに、相手が「逆走している」ように見えるのです。

　星占いの世界では、星が逆行するとき、その星の担うテーマにおいて停滞や混乱、イレギュラーなことが起こる、と解釈されることが一般的です。ただし、この「イレギュラー」は「不運・望ましくない展開」なのかというと、そうではありません。

　私たちは自分なりの推測や想像に基づいて未来の計画を立て、無意識に期待し、「次に起こること」を待ち受けます。その「待ち受けている」場所に思い通りのボールが飛んでこなかったとき、苛立ちや焦り、不安などを感じます。でも、そのこと自体が「悪いこと」かというと、決してそうではないはずです。なぜなら、人間の推測や想像には、限界があるか

らです。推測通りにならないことと、「不運」はまったく別のことです。

　星の逆行時は、私たちの推測や計画と、実際に巡ってくる未来とが「噛み合いにくい」ときと言えます。ゆえに、現実に起こる出来事全体が、言わば「ガイド役・導き手」となります。目の前に起こる出来事に導いてもらうような形で先に進み、いつしか、自分の想像力では辿り着けなかった場所に「つれていってもらえる」わけです。

　水星の逆行は年に三度ほど、一回につき3週間程度で起こります。金星は約1年半ごと、火星は2年に一度ほど、他の星は毎年太陽の反対側に回る数ヵ月、それぞれ逆行します。

　たとえば水星逆行時は、以下のようなことが言われます。

◆ 失せ物が出てくる／この時期なくしたものはあとで出てくる

　◆ 旧友と再会できる

　◆ 交通、コミュニケーションが混乱する

　◆ 予定の変更、物事の停滞、遅延、やり直しが発生する

　これらは「悪いこと」ではなく、無意識に通り過ぎてしまった場所に忘れ物を取りに行くような、あるいは、トンネルを通って山の向こうへ出るような動きです。掛け違えたボタンを外してはめ直すようなことができる時間なのです。

ボイドタイム─月のボイド・オブ・コース

　ボイドタイムとは、正式には「月のボイド・オブ・コース」
となります。実は、月以外の星にもボイドはあるのですが、月
のボイドタイムは3日に一度という頻度で巡ってくるので、
最も親しみやすい（？）時間と言えます。ボイドタイムの定
義は「その星が今いる星座を出るまで、他の星とアスペクト
（特別な角度）を結ばない時間帯」です。詳しくは占星術の教
科書などをあたってみて下さい。

　月のボイドタイムには、一般に、以下のようなことが言わ
れています。

◆ 予定していたことが起こらない／想定外のことが起こる

◆ ボイドタイムに着手したことは無効になる

◆ 期待通りの結果にならない

◆ ここでの心配事はあまり意味がない

◆ 取り越し苦労をしやすい

◆ 衝動買いをしやすい

◆ この時間に占いをしても、無効になる。意味がない

　ボイドをとても嫌う人も少なくないのですが、これらをよ
く見ると、「悪いことが起こる」時間ではなく、「あまりいろ
いろ気にしなくてもいい時間」と思えないでしょうか。

とはいえ、たとえば大事な手術や面接、会議などがこの時間帯に重なっていると「予定を変更したほうがいいかな？」という気持ちになる人もいると思います。

　この件では、占い手によっても様々に意見が分かれます。その人の人生観や世界観によって、解釈が変わり得る要素だと思います。

　以下は私の意見なのですが、大事な予定があって、そこにボイドや逆行が重なっていても、私自身はまったく気にしません。

　では、ボイドタイムは何の役に立つのでしょうか。一番役に立つのは「ボイドの終わる時間」です。ボイド終了時間は、星が星座から星座へ、ハウスからハウスへ移動する瞬間です。つまり、ここから新しい時間が始まるのです。

　たとえば、何かうまくいかないことがあったなら、「366日のカレンダー」を見て、ボイドタイムを確認します。もしボイドだったら、ボイド終了後に、物事が好転するかもしれません。待っているものが来るかもしれません。辛い待ち時間や気持ちの落ち込んだ時間は、決して「永遠」ではないのです。

本書では月の位置している星座から、自分にとっての「ハウス」を読み取り、毎日の「月のテーマ」を紹介しています。ですが月にはもう一つの「時計」としての機能があります。それは、「満ち欠け」です。

月は1ヵ月弱のサイクルで満ち欠けを繰り返します。夕方に月がふと目に入るのは、新月から満月へと月が膨らんでいく時間です。満月から新月へと月が欠けていく時間は、月が夜遅くから明け方でないと姿を現さなくなります。

夕方に月が見える・膨らんでいく時間は「明るい月の時間」で、物事も発展的に成長・拡大していくと考えられています。一方、月がなかなか出てこない・欠けていく時間は「暗い月の時間」で、物事が縮小・凝縮していく時間となります。

これらのことはもちろん、科学的な裏付けがあるわけではなく、あくまで「古くからの言い伝え」に近いものです。

新月と満月のサイクルは「時間の死と再生のサイクル」です。このサイクルは、植物が繁茂しては枯れ、種によって子孫を残す、というイメージに重なります。「死」は本当の「死」ではなく、種や球根が一見眠っているように見える、その状態を意味します。

そんな月の時間のイメージを、図にしてみました。

【新月】
種蒔き

芽が出る、新しいことを始める、目標を決める、新品を下ろす、髪を切る、悪癖をやめる、コスメなど、古いものを新しいものに替える

【上弦】
成長

勢い良く成長していく、物事を付け加える、増やす、広げる、決定していく、少し一本調子になりがち

【満月】
開花、
結実

達成、到達、充実、種の拡散、実を収穫する、人間関係の拡大、ロングスパンでの計画、このタイミングにゴールや〆切りを設定しておく

【下弦】
貯蔵、
配分

加工、貯蔵、未来を見越した作業、不要品の処分、故障したものの修理、古物の再利用を考える、蒔くべき種の選別、ダイエット開始、新月の直前、材木を切り出す

【新月】
次の
種蒔き

新しい始まり、仕切り直し、軌道修正、過去とは違った選択、変更

月のフェーズ

以下、月のフェーズを六つに分けて説明してみます。

● 新月　New moon

「スタート」です。時間がリセットされ、新しい時間が始まる！というイメージのタイミングです。この日を境に悩みや迷いから抜け出せる人も多いようです。とはいえ新月の当日は、気持ちが少し不安定になる、という人もいるようです。細い針のような月が姿を現す頃には、フレッシュで爽やかな気持ちになれるはずです。日食は「特別な新月」で、1年に二度ほど起こります。ロングスパンでの「始まり」のときです。

◐ 三日月〜 ◐ 上弦の月　Waxing crescent - First quarter moon

ほっそりした月が半月に向かうに従って、春の草花が生き生きと繁茂するように、物事が勢い良く成長・拡大していきます。大きく育てたいものをどんどん仕込んでいけるときです。

◑ 十三夜月〜小望月（こもちづき）　Waxing gibbous moon

少量の水より、大量の水を運ぶときのほうが慎重さを必要とします。それにも似て、この時期は物事が「完成形」に近づき、細かい目配りや粘り強さ、慎重さが必要になるようです。一歩一歩確かめながら、満月というゴールに向かいます。

◯ 満月　Full moon

新月からおよそ2週間、物事がピークに達するタイミングです。文字通り「満ちる」ときで、「満を持して」実行に移せることもあるでしょう。大事なイベントが満月の日に計画されている、ということもよくあります。意識してそうしたのでなくとも、関係者の予定を繰り合わせたところ、自然と満月前後に物事のゴールが置かれることがあるのです。

月食は「特別な満月」で、半年から1年といったロングスパンでの「到達点」です。長期的なプロセスにおける「折り返し地点」のような出来事が起こりやすいときです。

◗ 十六夜（いざよい）の月～寝待月（ねまちづき）　Waning gibbous moon

樹木の苗や球根を植えたい時期です。時間をかけて育てていくようなテーマが、ここでスタートさせやすいのです。また、細くなっていく月に擬（なぞら）えて、ダイエットを始めるのにも良い、とも言われます。植物が種をできるだけ広くまき散らそうとするように、人間関係が広がるのもこの時期です。

◑ 下弦の月～ ◕ 二十六夜月　Last quarter - Waning crescent moon

秋から冬に球根が力を蓄えるように、ここでは「成熟」がテーマとなります。物事を手の中にしっかり掌握し、力をためつつ「次」を見据えてゆっくり動くときです。いたずらに物珍しいことに踊らされない、どっしりした姿勢が似合います。

◆ 太陽星座早見表　射手座
（1930〜2025年／日本時間）

太陽が射手座に滞在する時間帯を下記の表にまとめました。
これより前は蠍座、これより後は山羊座ということになります。

生まれた年	期　　間	生まれた年	期　　間
1930	11/23　9:34　〜　12/22 22:39	1954	11/23　5:14　〜　12/22 18:23
1931	11/23 15:25　〜　12/23　4:29	1955	11/23 11:01　〜　12/23　0:10
1932	11/22 21:10　〜　12/22 10:13	1956	11/22 16:50　〜　12/22　5:59
1933	11/23　2:53　〜　12/22 15:57	1957	11/22 22:39　〜　12/22 11:48
1934	11/23　8:44　〜　12/22 21:48	1958	11/23　4:29　〜　12/22 17:39
1935	11/23 14:35　〜　12/23　3:36	1959	11/23 10:27　〜　12/22 23:33
1936	11/22 20:25　〜　12/22　9:26	1960	11/22 16:18　〜　12/22　5:25
1937	11/23　2:17　〜　12/22 15:21	1961	11/22 22:08　〜　12/22 11:18
1938	11/23　8:06　〜　12/22 21:12	1962	11/23　4:02　〜　12/22 17:14
1939	11/23 13:59　〜　12/23　3:05	1963	11/23　9:49　〜　12/22 23:01
1940	11/22 19:49　〜　12/22　8:54	1964	11/22 15:39　〜　12/22　4:49
1941	11/23　1:38　〜　12/22 14:43	1965	11/22 21:29　〜　12/22 10:39
1942	11/23　7:30　〜　12/22 20:39	1966	11/23　3:14　〜　12/22 16:27
1943	11/23 13:22　〜　12/23　2:28	1967	11/23　9:04　〜　12/22 22:15
1944	11/22 19:08　〜　12/22　8:14	1968	11/22 14:49　〜　12/22　3:59
1945	11/23　0:55　〜　12/22 14:03	1969	11/22 20:31　〜　12/22　9:43
1946	11/23　6:46　〜　12/22 19:52	1970	11/23　2:25　〜　12/22 15:35
1947	11/23 12:38　〜　12/23　1:42	1971	11/23　8:14　〜　12/22 21:23
1948	11/22 18:29　〜　12/22　7:32	1972	11/22 14:03　〜　12/22　3:12
1949	11/23　0:16　〜　12/22 13:22	1973	11/22 19:54　〜　12/22　9:07
1950	11/23　6:03　〜　12/22 19:12	1974	11/23　1:38　〜　12/22 14:55
1951	11/23 11:51　〜　12/23　0:59	1975	11/23　7:31　〜　12/22 20:45
1952	11/22 17:36　〜　12/22　6:42	1976	11/22 13:22　〜　12/22　2:34
1953	11/22 23:22　〜　12/22 12:30	1977	11/22 19:07　〜　12/22　8:22

生まれた年	期　　間
1978	11/23　1:05 ～ 12/22 14:20
1979	11/23　6:54 ～ 12/22 20:09
1980	11/22 12:41 ～ 12/22　1:55
1981	11/22 18:36 ～ 12/22　7:50
1982	11/23　0:23 ～ 12/22 13:37
1983	11/23　6:18 ～ 12/22 19:29
1984	11/22 12:11 ～ 12/22　1:22
1985	11/22 17:51 ～ 12/22　7:07
1986	11/22 23:44 ～ 12/22 13:01
1987	11/23　5:29 ～ 12/22 18:45
1988	11/22 11:12 ～ 12/22　0:27
1989	11/22 17:05 ～ 12/22　6:21
1990	11/22 22:47 ～ 12/22 12:06
1991	11/23　4:36 ～ 12/22 17:53
1992	11/22 10:26 ～ 12/21 23:42
1993	11/22 16:07 ～ 12/22　5:25
1994	11/22 22:06 ～ 12/22 11:22
1995	11/23　4:01 ～ 12/22 17:16
1996	11/22　9:49 ～ 12/21 23:05
1997	11/22 15:48 ～ 12/22　5:06
1998	11/22 21:34 ～ 12/22 10:55
1999	11/23　3:25 ～ 12/22 16:43
2000	11/22　9:19 ～ 12/21 22:36
2001	11/22 15:02 ～ 12/22　4:22

生まれた年	期　　間
2002	11/22 20:55 ～ 12/22 10:14
2003	11/23　2:44 ～ 12/22 16:04
2004	11/22　8:23 ～ 12/21 21:42
2005	11/22 14:16 ～ 12/22　3:35
2006	11/22 20:03 ～ 12/22　9:22
2007	11/23　1:51 ～ 12/22 15:08
2008	11/22　7:45 ～ 12/21 21:04
2009	11/22 13:24 ～ 12/22　2:47
2010	11/22 19:16 ～ 12/22　8:39
2011	11/23　1:09 ～ 12/22 14:30
2012	11/22　6:51 ～ 12/21 20:12
2013	11/22 12:49 ～ 12/22　2:11
2014	11/22 18:39 ～ 12/22　8:03
2015	11/23　0:26 ～ 12/22 13:48
2016	11/22　6:24 ～ 12/21 19:44
2017	11/22 12:06 ～ 12/22　1:28
2018	11/22 18:03 ～ 12/22　7:23
2019	11/22 23:59 ～ 12/22 13:20
2020	11/22　5:41 ～ 12/21 19:02
2021	11/22 11:35 ～ 12/22　0:59
2022	11/22 17:21 ～ 12/22　6:48
2023	11/22 23:03 ～ 12/22 12:27
2024	11/22　4:57 ～ 12/21 18:20
2025	11/22 10:36 ～ 12/22　0:02

おわりに

　年次版の文庫サイズ『星栞』は、本書でシリーズ5作目となりました。昨年の「スイーツ」をモチーフにした12冊はそのかわいらしさから多くの方に手に取って頂き、とても嬉しかったです。ありがとうございます！

　そして2024年版の表紙イラストは、一見して「何のテーマ？？？」となった方も少なくないかと思うのですが、実は「ペアになっているもの」で揃えてみました（！）。2024年の星の動きの「軸」の一つが、木星の牡牛座から双子座への移動です。双子座と言えば「ペア」なので、双子のようなものやペアでしか使わないようなものを、表紙のモチーフとして頂いたのです。柿崎サラさんに、とてもかわいくスタイリッシュな雰囲気に描いて頂けて、みなさんに手に取って頂くのがとても楽しみです。

　星占いの12星座には「ダブルボディーズ・サイン」と呼ばれる星座があります。すなわち、双子座、乙女座、射手座、魚座です。双子座は双子、魚座は「双魚宮」で2体です。メソポタミア時代の古い星座絵には、乙女座付近に複数の乙女が描かれています。そして、射手座は上半身が人

間、下半身が馬という、別の意味での「ダブルボディ」となっています。「ダブルボディーズ・サイン」は、季節の変わり目を担当する星座です。「三寒四温」のように行きつ戻りつしながら物事が変化していく、その複雑な時間を象徴しているのです。私たちも、様々な「ダブルボディ」を生きているところがあるように思います。職場と家では別の顔を持っていたり、本音と建前が違ったり、過去の自分と今の自分は全く違う価値観を生きていたりします。こうした「違い」を「八方美人」「ブレている」などと否定する向きもありますが、むしろ、色々な自分を生きることこそが、自由な人生、と言えないでしょうか。2024年は「自分」のバリエーションを増やしていくような、それによって心が解放されていくような時間となるのかもしれません。

星栞 2024年の星占い
射手座

2023年 9月30日 第1刷発行
2023年 12月10日 第2刷発行

著者 石井ゆかり

発行人 石原正康
発行元 株式会社 幻冬舎コミックス
　　　 〒151-0051 東京都渋谷区千駄ヶ谷4-9-7
　　　 電話 03-5411-6431 (編集)
発売元 株式会社 幻冬舎
　　　 〒151-0051 東京都渋谷区千駄ヶ谷4-9-7
　　　 電話 03-5411-6222 (営業)
　　　 振替 00120-8-767643

印刷・製本所：株式会社 光邦
デザイン：竹田麻衣子 (Lim)
DTP：株式会社 森の印刷屋、安居大輔 (Dデザイン)
STAFF：齋藤至代 (幻冬舎コミックス)、
　　　　佐藤映湖・滝澤 航 (オーキャン)、三森定史
装画：柿崎サラ